쉽고 재미있는
논문연구법

조현춘 · 조현재 · 문지혜 · 이근배 · 홍영근 · 왕가년 · 백미숙 · 안정현 · 조현아 공저

아카데미프레스

이 저서는 2009년도 경북대학교 학술연구비에 의하여 연구되었음.

저자서문

우선 간단한 안내 말씀부터 먼저 드리겠습니다. 논문연구법의 핵심만을 공부하려는 분들은 처음부터 보지 마시고, 3장부터 보시는 것이 좋습니다. 1장과 2장은 가볍게 넘어가도 좋습니다. 1장과 2장을 자세히 공부하시려면, 탈진할 수도 있습니다. 그리고 너무 현학적인 내용에 빠져서 허우적거릴 수도 있습니다. 이 책의 원래 저자 서문은 "어떤 연구법 책을 보든지 이 책을 먼저 보시기 바랍니다. 어떤 연구법 책 내용이든지 이 책과 다른 내용은 틀린 것입니다. 이 책에 없는 내용은 '홈페이지 조현춘교수의 논문연구법'을 참고하시기 바랍니다"가 전부였습니다. 그런데 출판사에서 독자들이 화낼 수 있으니 성의를 보이라고 해서 다시 씁니다.

죄송한 말씀부터 드리겠습니다. 매우 죄송하지만, 국내는 물론 전 세계적으로 '초보자가 볼 수 있는' 제대로 된 연구법 책이 거의 없다는 것이 현실입니다. 그래서 논문을 읽기도 어렵고, 쓰기는 참으로 어렵습니다. 논문을 제대로 읽을 능력이 있는 사람은 '제대로 된 논문'을 발견하기가 참으로 어렵습니다. 대부분의 논문연구법 책이 1) 전체적 조망이 없이 지엽적인 것에 빠져서 무엇을 말하고 있는지 불명확하거나, 2) 결정적 오류를 포함하고 있어서, 독자들이 이해하기가 참으로 어렵습니다.

다른 일에서도 그렇지만, 특히 수가 들어가는 논문연구법에서는 전체적 조망이 매우 중요합니다. 동화에 '빨간 우산, 파란 우산, 찢어진 우산 ——'

하는 내용이 있습니다. 동화나 문학으로는 좋을 수 있으나, 과학적 서술로는 용납될 수 없습니다. 찢어진 우산의 색을 모르기 때문입니다. 많은 연구법 책에서 이와 같이 분류기준 없이 특징이 보이는 대로 서술하고 있기 때문에 정보전달이 되지 않는 경우가 많습니다. 그래서 이 책에서는 전체 조망을 제시합니다. 즉 연구를 생각할 때 먼저 측정과 설계는 완전히 별개로 생각해야 합니다. 여기서 혼란이 일어나면 어떤 이해도 불가능합니다. 기타 자세한 내용은 본문에서 확인하시기 바랍니다.

다음으로 많은 논문연구법 책에서 대단히 죄송하지만, (그리고 우리 교실에서도 오류가 있을 수 있으므로, 잘못이라고 하지 말고, 약간의 실수라고 하자는 의견도 있었지만), 3부에서 우리는 '왜 조현춘 논문연구법인가?' 라는 제목으로 10개 문장 정도를 제시하였습니다. 실수라고 하기에는 너무나 심한 오류가 공통적으로 발견되어 이 책을 쓰게 된 것입니다. 부족한 점은 열린 마음으로 계속 수정해 나가겠습니다. 홈페이지 '조현춘교수의 논문연구법' 을 통해서 활발한 논의가 이루어지기를 부탁드립니다.

저자 조현춘

차례

제 I 부

논문 연구란 무엇인가?

제 II 부

연구 설계별 논문의 예

제 III 부
왜 조현춘교수의 논문연구법인가?

제 I 부

논문 연구란 무엇인가?

제1장

연구자의 사전 필수지식: 용어, 집합, 명제, 조건

1. 용어

문학에서는 같은 대상을 다양하게 표현할수록 멋진 표현이 됩니다. 그러나 과학, 특히 과학 용어는 정확해야 합니다. 과학이 아닌 일상생활에서도 정보를 담은 용어는 정확해야 합니다. 정확한 용어를 사용하지 않으면 정보가 변질되어 버립니다. '할머니가 아버지를 꾸중하셨다'를 '할머니라는 용어'를 싫어하는 어떤 사람이 할머니라는 용어 대신 형이라는 용어를 사용한다면 '형이 아버지를 꾸중하셨다'라고 할 것입니다. 엄청난 정보의 혼란입니다. 더구나 어떤 때는 할머니라는 말을 그대로 사용하고 어떤 때는 형이라고 하고, 또 진짜 형도 형이라고 한다면 혼란은 걷잡을 수 없는 상황이 되어 버립니다. 문학이 아닌 일상생활이나 학문 혹은 과학에서는 정확한 용어사용이 필수입니다.

그런데 심리학자, 교육학자들이 사용하는 일부 용어는 (대단히 죄송하지만) 매우 문제가 많습니다. 예를 들어 보겠습니다. 구평회 교육학은 심리학 · 교육학 전체에서 매우 많이 읽히는 책인 것 같습니다. 그래서 구평회(2005)를 중심으로 신조어 수준의 용어들을 논하겠습니다. 구평회 선생님, 죄송합니다.

83면에 보면, 도덕 수준을 수준 1, 수준 2, 수준 3으로 나누면서 각 수준의 이름을 ~~인습이전 도덕성, 인습 도덕성, 인습이후 도덕성~~으로 제시하고 있습니다. 대부분의 심리학 책에는 ~~전관습기~~, **관습기**, ~~후관습기~~로 제시하고 있습니다. 한 단어에 대해 세 가지를 동시에 논하려니 약간 어렵긴 하지만, 시도해보겠습니다.

첫째, 구평회가 말하는 대로 ~~인습~~인지, 대부분의 심리학책에서 말하는 대로 **관습**인지를 먼저 생각해 봅시다. ~~인습~~이라면 웃지 못할 일이 발생합니다. ~~인습이전 도덕성~~이란 말은 존재할 수 없는 말이 됩니다. ~~인습~~은 부정적 언어이기 때문입니다. 부정적인 ~~인습~~조차도 못하는 도덕성 혹은 부정적인 ~~인습~~조차도 못하는 기간이라는 말이 되기 때문입니다. 부정적인 것은 안 하는 것이 좋은 것인데, 그렇게 되면, '좋은 기간-보통 기간-좋은 기간' 이라는 내용이 됩니다. 따라서 **관습**이라는 말을 사용해야 합니다. 즉 '관습이 안 되는 기간-관습이 되는 기간-관습을 초월한 기간' 이면 일단은 성공입니다.

둘째, 그렇다면 관습~~이전~~ 도덕성, 관습 도덕성, 관습~~이후~~ 도덕성으로 해 봅시다. 이것 역시 말이 안 됩니다. '7 미만, 7 이하, 7, 7 이상, 7보다 큰' 이라는 말이 무엇을 의미하는지 잘 알 것입니다. "이"가 있는 경우에는 "그 숫자"를 포함하는 것입니다. 즉 관습~~이전~~ 도덕성, 관습 도덕성, 관습~~이후~~ 도덕성은 '1) 관습 도덕성과 관습 전 도덕성, 2) 관습 도덕성, 3) 관습 도덕성과 관습 후 도덕성' 이라는 구분이 되어버립니다.

셋째, 많은 심리학책에서 하는 것처럼, ~~전관습기~~-**관습기**-~~후관습기~~로 표시하면 어떤가에 대해 논하겠습니다. 전두엽, 후두엽, 측두엽 등에서 볼 수 있듯이 전두엽은 두엽의 일부입니다. 전학기, 후학기에서의 전학기는 학기의 일부입니다. '**앞머리**' 와 '**머리 앞**' 이 있습니다. '앞머리' 는 머리이고, '머리 앞' 은 머리가 아닙니다. 따라서 사전적으로 보면, ~~전관습기~~는 관습기입니다. 그리고 콜버그의 이론에서의 ~~전관습기~~는 관습이 생기기 전의 기간입니다. 따라서 **관습 전의 도덕단계-관습 도덕단계-관습 후의 도덕단계**라고 하는 것이 타당합니다.

<table>
<tr><td rowspan="2">관습 전의 도덕단계</td><td colspan="3">관습 도덕 존재</td><td rowspan="2">관습 후의 도덕단계</td></tr>
<tr><td>전학습</td><td>중학습</td><td>후학습</td></tr>
</table>

다른 예를 들어 보겠습니다. 심리학 · 교육학에서 자주 등장하는 **삐아제**(~~피아재~~)의 이론에서의 용어를 보겠습니다. 삐아제의 이론을 소개하는 극히 일부의 책에서 그리고 구평회의 33면에서 감각운동기(0~2세), ~~전조작기~~(3~5세), 구체적 조작기(6~11세), ~~형식적~~ 조작기(12세이상)로 제시하고 있습니다. 그런데 상당수의 심리학책에서는 ~~전조작기~~를 3~6세로 표시하고, 구체적 조작기를 7~11세로 표기하기도 합니다. 같은 책에서 6세에서 '수에 대한 조작' 이 일어나는 예를 제시하고 있습니다. 그래서인지 실제로 저희 필자들이 삐아제를 20년간 강의한 사람에게 '한 마디로 ~~전조작기~~에 조작이 되는가? 안되는가?' 라고 물었는데 '조작이 되는 초기' 라는 답을 얻기도 했습니다. 앞에서 논의한 대로 ~~전조작기~~는 사전적 의미로는 '조작이 되는 기간 중의 앞부분' 을 말합니다. 그런데 삐아제의 이론에서는 '조작이 되지 않는 기간' 입니다.

<table>
<tr><td colspan="4">올바른 용어</td></tr>
<tr><td rowspan="3">감각운동의 단계</td><td rowspan="3">조작 전의 단계</td><td colspan="2">조작의 단계</td></tr>
<tr><td>전조작의 단계</td><td>후조작의 단계</td></tr>
<tr><td>구체적 조작의 단계</td><td>온전한 조작의 단계</td></tr>
<tr><td colspan="4">극히 일부 학자들이 잘못 사용하는 용어</td></tr>
<tr><td>감각운동기</td><td><s>전조작기</s></td><td>구체적 조작기</td><td><s>형식적 조작기</s></td></tr>
</table>

~~형식적 조작기~~라는 말은 개념과 용어가 완전히 분리된 용어입니다. 한국말에서 형식적이라는 말이 어떻게 사용되는지 조금만 생각해봐도 개념과 용어가 완전히 분리되어 있다는 사실을 금방 알 수 있습니다. 형식적으

로 공부한다, 형식적 학생, 형식적 교수, 형식적으로 일을 한다 등에서 볼 수 있듯이 형식적이라는 말은 실제가 없다는 말로 사용됩니다. 그런데 최종 단계를 형식적이라고 하니 학생들이 혼란스러워하고, 심지어 최근에는 ~~형식적 조작기~~ 다음에 다른 조작기가 있다는 주장까지 등장합니다. 따라서 ~~전조작기~~는 ~~전조작기~~가 아니고, **조작 전의 단계**입니다. 또한 ~~형식적 조작기~~는 ~~형식적 조작기~~가 아니고, **온전한 조작의 단계**라고 해야 합니다. 내용은 서론의 용어 선정 부분에 제시하는 것입니다.

또 다른 예로 프로이트의 이론을 들 수 있을 것입니다. 구평회 63면에 보면, ~~구순기~~(口脣期: Oral Stsge: 0~2세)를 설명하면서, '구강활동의 두 가지 형태, 즉 빠는 활동(Sucking)과 깨무는 활동(Biting)의 결합은 나중에 발달되는 많은 성격특성의 원형이 된다' 라고 하였습니다. 깨무는 활동이 있는 기간이 구강기인가? ~~구순기~~인가?를 조금만 생각해봐도 금방 **구강기**라는 답이 나옵니다. 그런데, 단지 개인의 취향처럼 구강기라는 용어가 ~~구순기~~라는 용어와 같이 사용된다는 말은 저자들이 별 생각 없이 책을 쓴다는 말이 됩니다.

나열하려면 끝이 없지만, 혼란스럽게 제시하는 내용 하나만 더 말씀드리겠습니다. 구평회 75면에 보면, (자아심리학) 성격발달의 8단계를 말하면서 신뢰감 대 불신감(출생~1세), 자율성 대 수치심과 의심(2~3세) 등이 나옵니다. 하나의 이론에서 서로 다른 개념인 −감, −성, −심을 사용하고 있습니다. −감, −성, −심을 사용하고 있다는 사실은 −감, −성, −심이 서로 다른 개념이라는 말이 됩니다. 서로 다른 개념이라면 하나의 이론에 들어 갈 수가 없습니다. 그런데도 극히 일부의 심리학자들, 교육학자들은 이렇게 사용하고 있으며, 이렇게 사용할 수밖에 없는 현실이 정말 답답합니다. 어쨌든 우리는 이런 용어의 혼란을 수정할 방법이 별로 없습니다. 이 일은 한국연구재단이나 교육과학기술부만이 할 수 있습니다. 일단 자신이 말을 하거나 글을 쓸 때에는 자신이 책임지고 바른 용어를 사용해야 한다는 점만 강조하고 다음으로 넘어가겠습니다.

2. 집합

집합은 중학교 1학년 수학책 1장에 나오는데 많은 심리학 · 교육학 · 특수교육학 박사학위논문에서 이를 어기고 있습니다(조현춘 · 박희석, 2002). 이미 다 아시는 내용이면 건너뛰어도 됩니다. 우리는 일상생활을 하는 중에 많은 것들을 만납니다. 그 많은 대상들 중에는 우리가 명확하게 정의할 수 있는 것도 있고, 명확하게 정의할 수 없는 것들도 있습니다. 예를 들어 "높은 산"은 개념적 정의가 분명하다 하더라도, 어느 정도 높은 산을 "높은 산"이라고 할 것인가에 대한 판단 기준은 달라질 수 있습니다. 해발 1,000 킬로미터 이상을 높은 산이라고 한다라고 하면, 이것이 바로 높은 산에 대한 조작적 정의입니다.

1) 집합과 원소

수학이나 과학에서는 대상을 명확히 구별할 수 있는 대상만을 고려합니다. '9<ㄱ≤15인 정수의 집합'은 객관적으로 '10, 11, 12, 13, 14, 15의 집합'으로 대상을 명확히 구분할 수 있습니다. 이와 같이 대상을 객관적으로 구분할 수 있는 것을 **집합**이라고 하고 '10, 11, 12, 13, 14, 15와 같이 집합을 이루고 있는 대상 하나 하나'를 그 집합의 **원소**라고 합니다. ㄱ이 '집합 가'의 원소일 때, ㄱ은 '가'에 속한다고 말하고 '**ㄱ∈가**'로 나타내며, ㄱ이 '집합 가'의 원소가 아닐 때, ㄱ은 '집합 가'에 속하지 않는다고 말하고 '**ㄱ∉가**'로 나타냅니다.

2) 집합의 표시

교통표지판이나 신호등은 보행자나 운전자가 지켜야 할 사항을 금방 알아차릴 수 있도록 하기 위해서 글 대신 간단히 기호로 나타낸 것입니다. 수학에서도 글로 표현하는 것보다 기호로 표시하면 쉽게 알아볼 수 있는 경우가 많습니다. 즉 수학적 문장을 기호화하면 쉽게, 금방 알아볼 수 있는 경우가 많습니다. 수학적 문장을 기호로 나타내는 방법 즉 집합으로 나타내는 방법에는 **원소나열법**과 **조건제시법**이 있습니다. 집합의 원소를 {괄호} 안에 나열하는 방법이 원소나열법입니다. 예를 들어, '가' ={3, 4, 5, 6, 7, 8, 9, 10, 11, 12}가 원소나열법입니다. '집합 가' 에 속하는 '원소 ㄱ' 이 가져야 할 조건을 {괄호} 안에 제시하는 방법이 조건제시법입니다. 예를 들어 '가' ={ㄱ|3≤ㄱ≤12, ㄱ은 정수}가 조건제시법입니다. '집합 가' 는 3≤ㄱ≤12를 만족시키는 '정수 ㄱ의 집합' 이라고 읽습니다.

3) 유한집합, 무한집합, 공집합

원소의 수에 대하여 알아봅시다. '가' ={ㄱ|ㄱ≤10, ㄱ은 자연수}, 즉 '가' ={1, 2, 3, …, 9, 10}과 같이 원소의 수가 결정되어 있는 집합을 **유한집합**이라고 합니다. '나' ={ㄱ|ㄱ≥10, ㄱ은 자연수}는 '나' ={10, 11, 12, 13, …}이 되며 이렇게 원소의 수가 무한히 많은 집합을 **무한집합**이라 합니다. 반면에 원소가 하나도 없는 집합을 **공집합**이라고 하고, ϕ 또는 { }로 나타냅니다.

4) 부분집합 · 집합의 상등 · 진부분집합

'집합 가' ={1, 2, 3}, '집합 나' ={1, 2, 3, 4, 5, 6, 7}가 있다고 합시다. '집합 가' 의 모든 원소(1, 2, 3)는 '집합 나' 의 원소임을 알 수 있습니다. 이와 같이 'ㄱ∈가' 이면 'ㄱ∈나' 일 때 '집합 가' 를 '집합 나' 의 **부분집합**

이라 하고, '가⊂나' 또는 '나⊃가' 로 표시하며 '가' 는 '나' 에 포함된다고 하거나, '나' 는 '가' 를 포함한다고 합니다. 집합의 포함관계를 쉽게 알아보기 위해서는 그림과 같이 원이나 타원을 그려서 나타내면 편리합니다. 이와 같은 그림을 **벤 다이어그램**이라고 합니다.

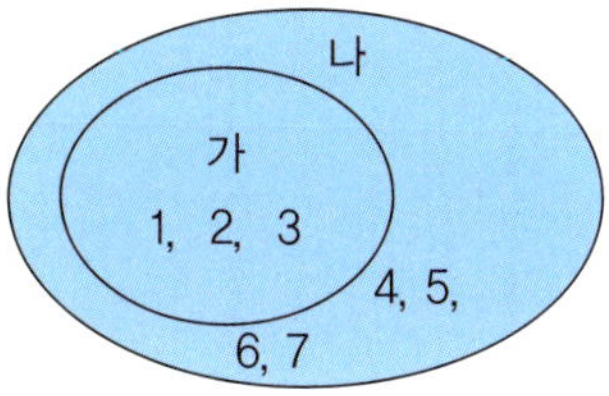

또 두 집합 '가' ={1, 2, 3}, '나' ={1, 2, 3} 이라고 합시다. 'ㄱ∈가' 이면 'ㄱ∈나' 이므로 '가' 는 '나' 의 **부분집합**입니다. 또 'ㄱ∈나' 이면 'ㄱ∈가' 이므로 '나' 는 '가' 의 부분집합입니다. 이와 같이 서로 부분집합일 경우, '가' 와 '나' 는 상등하다고 말합니다. 즉 두 집합 '가', '나' 가 '가⊂나' 이고 '가⊃나' 일 때, '가=나' 로 나타내며, '가' 와 '나' 는 '서로 같다' 혹은 '서로 상등하다' 라고 합니다.

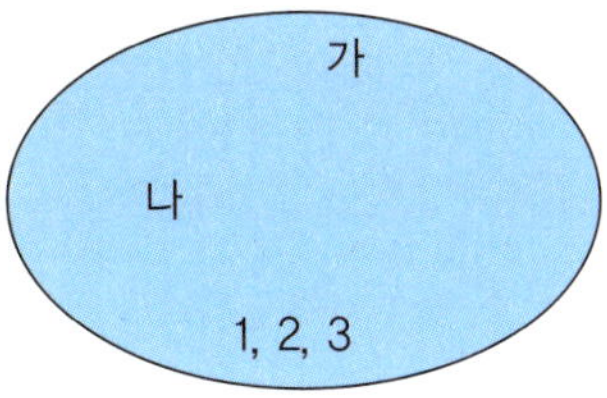

또 두 집합 '가' ={1, 2, 3}, '나' ={1, 2, 3, 4}에서와 같이 '가⊂나' 이고 '가≠나' 일 때, '가' 를 '나' 의 **진부분집합**이라 합니다.

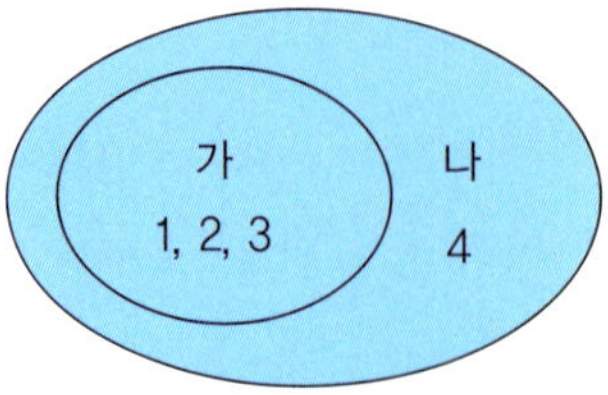

'집합 가' 가 '집합 나' 의 부분집합이라 함은 '집합 가' 가 '집합 나' 의 진부분집합인 경우와, '집합 가' 가 '집합 나' 와 상등한 경우를 통틀어서 하는 말입니다.

5) 합집합

두 집합 '가' ={1, 2, 3, 4}, '나' ={2, 3, 4, 5, 6}가 있다고 합시다. '집합 가' 와 '집합 나' 에 들어 있는 모든 원소로 된 새로운 집합 {1, 2, 3, 4, 5, 6}을 '가와 나의 합집합' 이라 하고, '가∪나' 로 나타냅니다. 이 관계를 '가∪나' ={1, 2, 3, 4}∪{2, 3, 4, 5, 6}={1, 2, 3, 4, 5, 6}로 표시합니다. 일반적으로 '가∪나' ={ㄱ | ㄱ∈가 또는 ㄱ∈나}로 정의하며, '가 합 나' 라고 읽습니다.

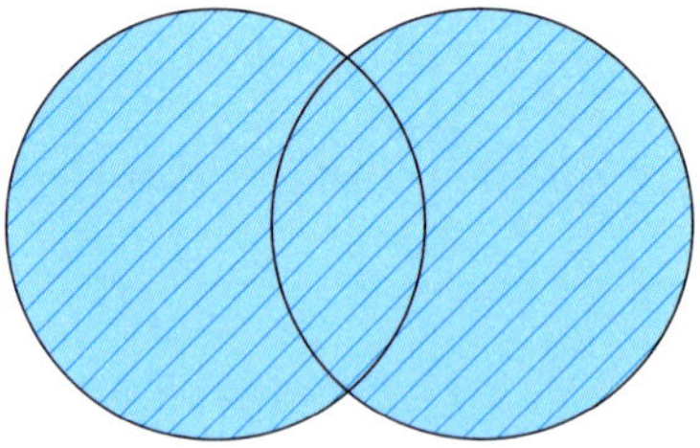

6) 교집합

두 집합 '가' ={1, 2, 3, 4}, '나' ={2, 3, 4, 5, 6}가 있다고 합시다. '집합 가' 와 '집합 나' 에 공통으로 들어 있는 원소로 된 새로운 집합 {2, 3, 4}을 '가와 나의 교집합' 이라 하고, '가∩나' 로 표시하며, '가∩나' ={1, 2, 3, 4} ∩ {2, 3, 4, 5, 6}={2, 3, 4}가 됩니다. 일반적으로 '가∩나' ={ㄱ | ㄱ∈가 그

리고 ㄱ∈나} 로 정의하며, '가 교 나' 라고 읽습니다.

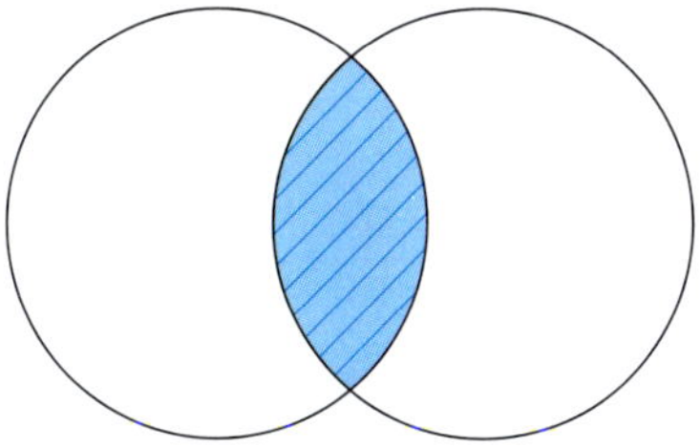

7) '차집합 가-나'

두 집합 '가' ={1, 2, 3, 4, 5, 6}, '나' ={2, 4, 6, 8}가 있다고 합시다. '가' 에 속하는 원소 중에서 '나' 에 속하지 않는 원소 전체로 이루어진 집합 {1, 3, 5}을 '가-나' 로 나타냅니다. 일반적으로 '차집합 가-나' 는 '가-나' ={ㄱ | ㄱ∈가 그리고 ㄱ∉나}로 정의하며, '가 차 나' 라고 읽습니다.

'가-나' ; 빗금친 부분

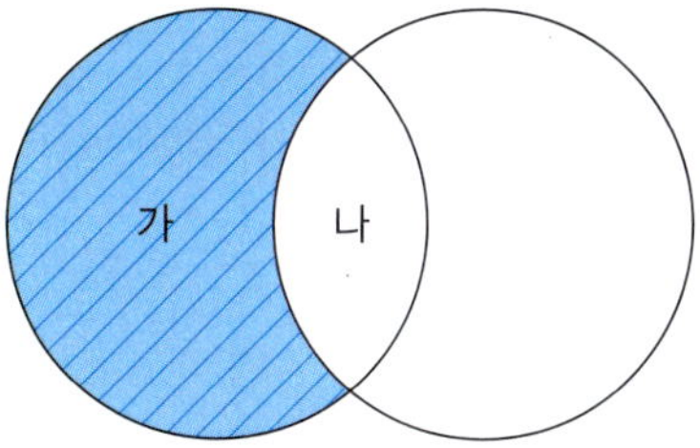

8) 전체집합 · 여집합

어떤 집합이 다른 집합의 부분집합인 경우가 있습니다. 예를 들어서 '집합 가' ={ㄱ, ㄴ, ㄷ}가 있다고 합시다. '가' 는 '전체 집합 전={ㄱ, ㄴ, ㄷ, ㄹ …ㅌ, ㅍ, ㅎ}' 의 부분집합입니다. 또, '전' 에는 속하지만 '가' 에는 속하지 않는 원소의 집합 '전-가' ={ㅁ, ㅂ, ㅅ… ㅈ, ㅊ, ㅋ}를 '가의 여집합' 이라 하고, '~가' 로 나타냅니다. 일반적으로 '~가' ={ㄱ|가 ⊂전, ㄱ⊂전, ㄱ∉가} 로 정의합니다.

~가 ; 빗금친 부분

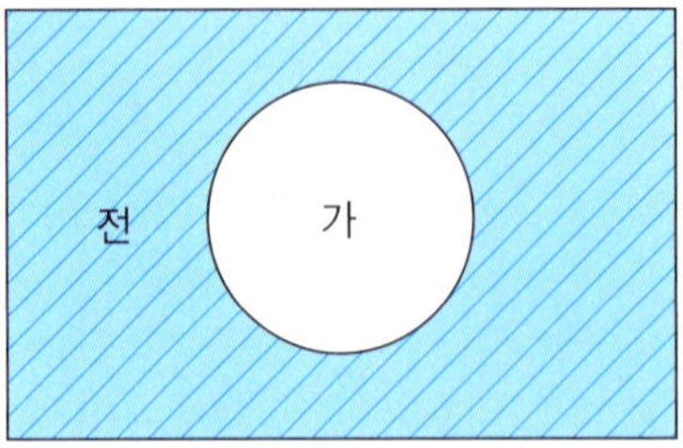

3. 명제와 조건

1) 명제와 명제의 부정

'① 3은 6의 약수이다, ② 3은 10의 약수이다' 와 같이 참인지, 거짓인지를 명확하게 구별할 수 있는 문장을 명제라고 합니다. ①은 참 명제이고, ②는 거짓 명제입니다. 그러나 '③ 너는 호박떡을 좋아하는가? ④ 아름답구나! ⑤ 오늘 중으로 꼭 숙제를 다 하여라' 와 같이 참과 거짓을 명확하게 구별할 수 없는 문장은 명제라고 하지 않습니다. 또, 명제 '2는 4의 약수이다' 를 '갑' 이라고 나타낼 때, '2는 4의 약수가 아니다' 라는 명제를 '갑의 부정' 이라고 하고 '~갑' 으로 나타내며, '갑이 아니다' 라고 읽습니다. 일반적으로 '명제 갑' 이 참이면 '그 부정인 ~갑' 은 거짓이고, '갑' 이 거짓이면 '그 부정인 ~갑' 은 참이며, '~갑의 부정' 은 '갑' 이 됩니다.

2) 조건과 조건의 부정

'ㄱ은 4의 약수이다' 와 같은 문장은 'ㄱ' 을 포함하고 있으므로 참이나 거짓을 구별할 수 없습니다. 따라서 명제라고 말할 수 없습니다. 그러나 'ㄱ' 이 '집합 전' ={1, 2, 3, 4}의 원소이고 '각 원소 ㄱ' 이 정해지면, 참이나 거짓을 결정할 수 있습니다. 예를 들어, 'ㄱ' =1이면 [1은 4의 약수이다]

가 되어 참, 'ㄱ' =2이면 [2는 4의 약수이다]가 되어 참, 'ㄱ' =3이면 [3은 4의 약수이다]가 되어 거짓, 'ㄱ' =4이면 [4는 4의 약수이다]가 되어 참이 됩니다.

이와 같이 '전체집합 전' 에서의 '변수 ㄱ' 을 포함하는 문장으로서 '전' 에 속하는 각 원소를 'ㄱ' 에 대입하면 명제가 되는 것을 '집합 전에서의 조건' 이라 하고 '*조*$_1$*(ㄱ)*', '*조*$_2$*(ㄱ)*', … 등으로 나타내며, 'ㄱ이 조건$_1$이면' 등으로 읽습니다. '*조*$_1$*(ㄱ)*의 부정' 을 '~*조*$_1$*(ㄱ)*' 으로 나타내며 '*ㄱ이 조건*$_1$*이 아니면*' 이라고 읽습니다. 그리고 혼동의 우려가 없을 때에는 '집합 전에서의 *조*$_1$*(ㄱ)*'를 간단히 '*조*$_1$*(ㄱ)*' 이라고 합니다.

3) 진리집합

전체집합 {1, 2, 3, 4}의 '*조*$_1$*(ㄱ)*' 을 '*조*$_1$*(ㄱ):* ㄱ은 4의 약수이다' 라고 할 때, '*조*$_1$*(ㄱ)*' 을 참으로 하는 '전의 원소 ㄱ' 은 1, 2, 4입니다. 이 조건의 집합을 '갑' 이라고 하면, '갑' ={1, 2, 4}로 나타낼 수 있습니다.

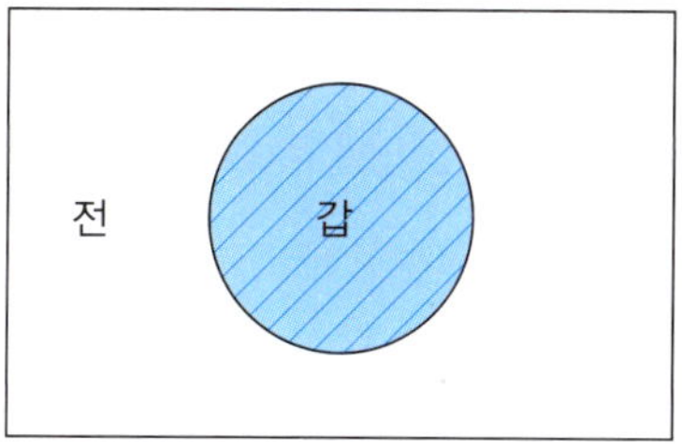

'집합 전에서의 *조*$_1$*(ㄱ)*' 이 주어질 때, '*조*$_1$*(ㄱ)*' 을 참으로 하는 'ㄱ' 전체의 집합 '갑' 을 '*조*$_1$*(ㄱ)*' 의 진리집합이라 합니다. 그런데 '전체집합 전에서 *조*$_1$*(ㄱ)*의 진리집합 갑' ={1, 2, 4}는 '갑={ㄱ | ㄱ∈전, ㄱ은 4의 약수이다}' 로도 나타낼 수 있습니다. 일반적으로 '진리집합 갑' 은 '갑' {ㄱ | ㄱ∈전, *조*$_1$*(ㄱ)*}, 또는 '갑' ={ㄱ | *조*$_1$*(ㄱ)*}로 나타냅니다. 여기에서 '*조*$_1$*(ㄱ)*' 의

진리집합 '갑' 은 '전' 의 부분집합입니다.

4) 조건으로 이루어진 명제

두 조건 「'조$_1$' : ㄱ은 4의 약수이다. '조$_2$' : ㄱ은 8의 약수이다」를 써서 「'ㄱ' 이 4의 약수이면 'ㄱ' 은 8의 약수이다」와 같은 문장을 생각할 수 있습니다. 이 문장은 참과 거짓을 구별할 수 있는 문장이므로 명제입니다. 마찬가지로 「ㄱ=1이면 ㄱ^2=1이다」도 명제이고 「ㄱ^2=9이면 ㄱ=3이다」도 명제입니다.

일반적으로 수학에서는 두 개의 조건 '조$_1$' , '조$_2$' 를 써서 '조$_1$이면 조$_2$이다' 로 나타내어지는 명제를 다루는 경우가 많습니다. 이와 같은 명제를 간단히 '조$_1$→조$_2$' 로 나타내고, 이 명제가 참일 때는 '조$_1$⇒조$_2$' , 거짓일 때는 '조$_1$⇏조$_2$' 로 나타냅니다.

5) 명제의 참, 거짓과 집합의 포함 관계

'전체집합 전' ={1, 2, 3, 4, …, 10}에서의 '조$_1$' , '조$_2$' 가 「'조$_1$' : ㄱ는 4의 약수이다. '조$_2$' : ㄱ는 8의 약수이다」라고 할 때 '조$_1$' , '조$_2$' 의 진리값을 각각 '갑' , '을' 이라 하면 '갑' ={ㄱ | 조$_1$}={1, 2, 4}, '을' ={ㄱ | 조$_2$}={1, 2, 4, 8}으로 나타냅니다. 이 때 명제 'ㄱ은 4의 약수 → ㄱ은 8의 약수' 가 참이라고 하는 것은 <'ㄱ∈갑' 이면 'ㄱ∈을' 즉, '갑⊂을' 이 성립한다는 뜻입니다.

6) '조$_1$ 또는 조$_2$의 부정' , '조$_1$ 그리고 조$_2$의 부정'

'전체집합 전' 에서 조건 '조$_1$, 조$_2$에서 진리집합' 을 각각 '갑' , '을' 이라고 할 때, 조건 '조$_1$ 또는 조$_2$' *의 진리값은* '갑∪을' 이고, '조$_1$ 그리고 조$_2$' *의 진리값은* '갑∩을' 이고, '~조$_1$' *의 진리값은* '~갑' 입니다.

이와 같이 조건과 이에 대응하는 집합과의 관계를 이용하면, '~(조$_1$ 혹은 조$_2$)' ⇒ '~(갑∪을)' ⇒'~갑∩~을'⇒ '~조$_1$ 그리고 ~조$_2$', '~(조$_1$ 그리고 조$_2$)' ⇒ '~(갑∩을)' ⇒'~갑∪~을'⇒ '~조$_1$ 또는 ~조$_2$' 임을 알 수 있습니다.

7) 역, 이, 대우

명제 '조$_1$→조$_2$' 에서 '조$_1$' 를 가정, '조$_2$' 를 결론이라고 합니다. 그리고 명제 '조$_1$→조$_2$' 에 대하여 '조$_2$→조$_1$' 를 역, '~조$_1$→~조$_2$' 를 이, '~조$_2$→~조$_1$' 를 대우라고 합니다. 다음은 명제, 역, 이, 대우 사이의 관계를 나타낸 것입니다.

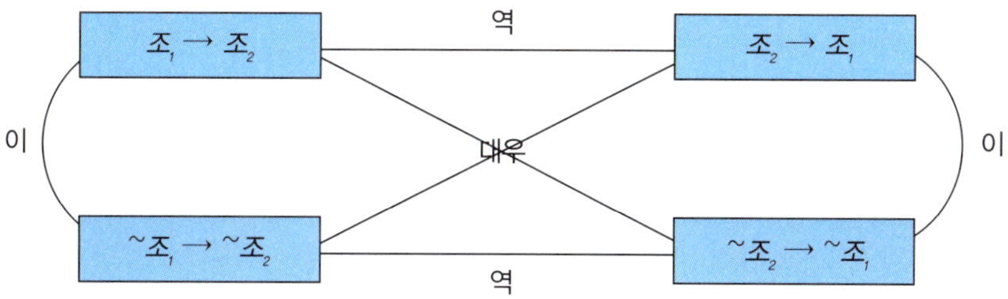

다음 두 명제를 예로 하여 역, 이, 대우의 참과 거짓 살펴보기로 합니다.

'명제: ㄱ=0 → ㄱ^2=0' 가 (참)일 때, '역: ㄱ^2=0 → ㄱ=0' 은 (참)이고, '이: ㄱ≠0 → ㄱ^2≠0' 도 (참)이며, '대우: ㄱ^2≠0 → ㄱ≠0' 도 역시 (참)인 경우도 있습니다.

'명제: ㄱ=0 → ㄱㄴ=0' 가 (참)일 때, '역: ㄱㄴ=0 → ㄱ=0' 은 (거짓)이고, '이: ㄱ≠0 → ㄱㄴ≠0도 (거짓)이며, ' 대우: ㄱㄴ≠=0 → ㄱ≠0 '는 (참)인 경우도 있습니다.

여기에서 보면 어떤 명제가 참일 때 그 명제의 대우는 항상 참이지만,

'역' 이나 '이' 는 참인 경우도 있고 거짓인 경우도 있음을 알 수 있습니다. 즉

(1) 명제 '조$_1$ → 조$_2$' 가 참이면, 대우 '~조$_2$ → ~조$_1$' 도 반드시 참입니다.
명제 '조$_1$ → 조$_2$' 가 거짓이면, 대우 '~조$_2$ → ~조$_1$' 도 반드시 거짓입니다.

(2) 명제 '조$_1$ → 조$_2$' 가 참이라 해도, 역 '조$_2$ → 조$_1$' 은 반드시 참인 것은 아닙니다.
이 '~조$_1$ → ~조$_2$' 는 반드시 참인 것은 아닙니다.

8) 필수조건 · 충분조건

조건과 원인의 개념적 차이도 배워야 한다고 봅니다. 예언변수를 과거에 원인이라고 했기 때문에 조건이라는 용어가 생겼습니다. 그러나 과학자들의 궁극적 목적은 원인 규명이므로 다시 실험을 통해서 충분조건들을 찾거나 필수조건 (필요조건)들을 찾아서 실험에서 확인된 조건들은 다시 원인으로 보게 되었습니다. 그리하여 조현춘이 '연구방법론 고찰(1)' 에서 제시한 바와 같이 실험법과 비실험법이 생겨난 것입니다. 그런데 최근의 박사학위논문들에서 비실험논문임에도 불구하고, '－의 영향' 혹은 '－의 효과' 라는 '원인에만 사용할 수 있는 말' 들을 남발하고 있습니다(조현춘, 2004; 조현춘 · 박희석, 2002).

여러분들이 알고 있는 엉터리 용어를 바탕으로 명제와 조건을 논하려니 참으로 난감합니다. (괄호)앞의 용어는 연구자들이 주장하는 용어입니다. (괄호)안의 용어는 고등학교 공통수학 2장 '명제와 조건' 에 나오는 용어이며 잘못된 용어입니다. 고등학교 공통수학시간에 있는 '명제와 조건' 을 공부해야 한다고 했지만, 책 거의 전부가 틀렸으니 사실은 굉장히 난감합니다. 중요한 것은 교육과학기술부편수자료에도 잘못된 용어가 버젓이 게재되어 있는데, 정상적으로 수정할 방법이 없다는 사실이 문제입니다. 다음은

논리학의 일부(안형관 · 전재원 옮김, 1998, 332-336면)입니다.

논리학 책의 일부

논리학들이나 정확한 추리에 관심을 가지고 있는 사람들은 '원인'이라는 말 대신에 보다 더 중립적인 '조건'이라는 용어를 사용하는 것이 도움이 되리라고 생각한다. 우리도 본 장에서 이 용법을 따라서 사건의 원인이라는 말 대신에 사건이 일어나게 되는 조건이라는 말을 사용할 것이다. 조건들은 사건과 인과적으로 관련될 수도 있고 그렇지 않을 수도 있다. 조건들은 사건의 결과들일 수도 있고 다른 어떤 원인의 결과들을 그 사건과 결합시킬 수도 있으며 혹은 단순히 우연히 일어나는 사건일 수도 있다. 예를 들어 어떤 자동차가 빙판 길에 미끄러져서 전신주를 들이박는다면 몇 가지 연관된 요소들이 그 사고를 조사하는 경찰관에 의하여 주목될 것이다. 가령 타이어가 닳았다든가, 앞바퀴가 정돈선을 벗어났다든가, 운전자가 차안에서 자기 애인이 지나가는 것을 보았다든가, 그가 과속을 했다든가, 개가 도로로 뛰어 들어 왔다든가, 누군가가 소리를 질렀다든가, 근처에서 사이렌 소리가 울렸다든가, 도로가 좁았다든가, 돌풍이 불고 있었다든가, 일몰이 가까와졌다든가 하는 등등이 그러한 요소가 될 수 있다. 이러한 요소들 중의 어떤 것이 그 사건을 "야기시켰는지", 그리고 어떠한 방식으로 야기시켰는지는 미결정인 채로 남아 있다. 그러나 그 요소들은 모두 다 그 사고를 일어나게 한 조건들이다.

이처럼 우리가 인과적 조건들을 결정하는 데에 일차적인 관심을 가질 때에 우리는 조건의 중요한 두 가지 유형, 즉 **필수조건**{~~필요조건~~}과 **충분조건**을 구별해야 한다. 여객기가 추락하기 위해서는 공중에 떠있어야 하는데, 이것은 여객기가 추락하기 위한 필수조건{~~필요조건~~}이다. 다시 말해서 여객기가 공중에 떠 있지 않았더라면 추락사고는 도저히 일어날 수 없었을 것이다. 그러나 여객기가 단순히 공중에 떠있는 것만으로 추락을 야기시키기에는 불충분하다. 왜냐하면 많은 비행기가 추락하지 않으면서 이착륙을 하기 때문이다. 따라서 여객기가 추락하기 위해서는 자물쇠의 결함이나 여객기

안과 밖의 대기 압력의 차이 등과 같은 다른 조건들이 충분조건으로서 있어야만 한다.

이렇게 볼 때 필수조건(~~필요조건~~)은 그 조건이 없이는 어떤 사건이 절대로 일어날 수 없는 조건이고, 충분조건은 그 조건이 있을 때 어떤 사건이 확실하게 일어나는 조건임을 알 수 있다.

이러한 구별은 더 나아가서 다음과 같은 예에 의하여 예증될 수 있다. 구름이 없이는 비가 올 수 없다. 그러므로 구름은 비가 오기 위한 필수조건(~~필요조건~~)이다. 필수조건(~~필요조건~~)이 만족되지 않는다면 그 사건(비가 오는 것)은 절대로 일어나지 않을 것이다. 그러나 이 필수조건(~~필요조건~~)이 만족된다 하더라도 여전히 그 사건이 일어날 것이라는 보증은 전혀 없다. 구름이 없을 때에 비가 올 수는 없다 하더라도, 비는 오지 않으면서 구름은 있을 수 있는 것이다. 따라서 구름은 스스로에 의해서 비가 오기 위한 충분조건이 되지 못한다. 비가 오기 위해서는 또한 다른 조건들이 필요하다. 구름이 있을 때에, 그리고 대기온도가 응결온도보다 높을 때에 비로소 비가 내린다. 이러한 조건들은 개별적으로는 필수조건(~~필요조건~~)들이지만, 함께 모이면 비가 내리기 위한 충분조건이 된다. (중략)

비의 경우에 있어서 충분조건은 몇 가지 필수조건(~~필요조건~~)들의 연언(conjunction), 즉 필수조건(~~필요조건~~)들의 결합이지만 다른 경우들도 있다. 다른 경우들에 있어서는 두 개 혹은 그 이상의 조건들의 선언(disjunction)이 필수조건(~~필요조건~~)이 된다. 다시 말해서 몇 가지 조건들 중의 어느 하나(그러나 전부는 아니다)만 만족되면 야기된 사건이 일어나게 된다. 경찰관들이 유명한 시민의 시체를 그가 사는 15층 아파트의 아래에 있는 인도에서 발견한다면, 그들은 그 시민이 창문에서 추락했다고 쉽게 가정할 것이다. 그런데 추락의 근인으로서는 다음과 같은 세 가지의 가능성이 있다. 첫째 그 사람이 우연히 추락했거나, 둘째 그 사람이 누군가에 의해서 떠밀려졌거나, 셋째 그 사람이 뛰어내렸거나이다. 이 세 가지 중의 어느 하나가 그 자체로서 그 시민의 추락사에 대한 충분조건이 된다. 그리고 필수조건(~~필요조건~~)은 이 세 가지의 선언이다. 즉 만약 그 시민이 뛰어 내리지 않았거나 누군가에 의해서 떠밀려지지 않았거나 우연히 떨어지지 않았다면, 그 사람은 결코 추락하지 않았을 것이다.

우리가 어떤 사건의 원인(들)을 조사할 때에, 필수조건{~~필요조건~~}(들)을 찾을 것인가 혹은 충분조건(들)을 찾을 것인가는 흔히 우리의 실제적인 목적들에 달려 있다. 만약 우리가 어떤 사건의 발생을 예방하고자 한다면, 우리는 아마 필수조건{~~필요조건~~}(들)을 찾을 것이다. 왜냐하면 그러한 조건의 제거는 그 사건의 재발을 불가능하게 할 것이기 때문이다. 가령 공공건물에서 절도사건이 자주 일어나고 있으며 범인들은 그 건물에서 일하지 않는 사람들이라고 믿어지는 경우를 생각해 보자. 이 때 우리는 그 건물에서 일하지 않는 사람들의 자유로운 출입이 절도사건의 필수조건{~~필요조건~~}이며, 따라서 그러한 조건을 제거시킴으로써 그 사건을 예방할 수 있다. 그래서 그 건물의 경영자는 정문에 수위를 배치하고 그 건물에서 일하는 사람들에게 뱃지를 달게 하여 다른 사람들의 출입을 통제할 것이다.

이와는 역으로 만약 우리가 주어진 사건을 다시 일어나게 하고자 한다면, 우리는 충분조건(들)을 찾는다. 가령 나의 정원에 어떤 종의 새를 모여들게 하고자 한다면, 나는 적당한 보금자리를 마련하거나 그러한 종의 새가 특히 좋아하는 모이를 흩어 놓거나 교미할 때 부르는 노래를 녹음해 두거나 할 것이다. 그러한 종의 새가 근처에 있다고 가정한다면, 이러한 행동들 중의 어느 하나는 내가 바라는 사건을 낳기에 충분할 것이다.

물론 충분조건이 연언이라면 그 과정은 훨씬 더 복잡할 수도 있다. 예를 들어 요리사가 주어진 음식을 마련하는 데 착수할 때는 언제나 많은 조건들을 명심해야 한다. 정확한 재료들, 그 재료들의 신선도, 적당한 양으로 배합하는 것, 넣는 순서, 만드는 수법, 적절한 요리기구, 적당한 시간동안 적당한 양의 열을 가하는 것 등등의 모두 다가 필수조건{~~필요조건~~}들이다. 그 요리사는 이들 필수조건{~~필요조건~~}들 중의 어느 하나만 알아서는 안 되고 모두 다를 알아야 한다. 왜냐하면 그 필수조건{~~필요조건~~}들은 모두 다 함께 그 음식을 성공적으로 만들어내기 위한 충분조건이 되기 때문이다.

지금까지 우리가 필수조건{~~필요조건~~}과 충분조건 및 그것들 상호간의 관계에 대하여 살펴본 것을 요약해 보면 다음과 같다.

1. 우리가 '가'는 '나'의 필수조건{~~필요조건~~}이라고 말할 때에 우리는 오로지 '가'가 만족될 때에만 '나'가 일어나는 것이 가능하다는 것을 의미한

다. 즉 '가' 가 없다면 '나' 가 일어날 수 없다.

2. 우리가 '가' 는 '나' 의 충분조건이라고 말할 때에, 우리는 '가' 가 만족될 때에는 언제나 '나' 가 일어나는 것이 확실하다는 것을 의미한다.
3. 충분조건은 필수조건(~~필요조건~~)들 전부의 연언이다. 즉 필수조건(~~필요조건~~)들 '가1', '가2', '가3' 이 모두 다 함께 만족된다면 그리고 그것들만이 '나' 를 위한 필수조건(~~필요조건~~)들이라면, '나' 라는 사건은 일어날 것이다.
4. 때때로 몇 가지 조건들의 선언이 필수조건(~~필요조건~~)이 된다. 즉 '조건 가1' 이든 '가2' 이든 '가3' 이든 어느 하나가 만족되지 않는다면, 필수조건(~~필요조건~~) '가' 는 만족되지 않으며 '나' 라는 사건은 일어날 수 없다.
5. 어떤 사건이 일어날 때 정의상 다음과 같은 결론이 나온다. 그 사건의 발생을 위해서는 모든 필수조건(~~필요조건~~)들과 적어도 한 개의 충분조건은 만족되어야 한다.
6. 일반적으로 어떤 사건에 직면해서 그 사건을 예방하기 위하여 "원인" 을 거꾸로 추리하고자 시도할 때, 우리가 찾고 있는 것은 필수조건(~~필요조건~~)이다. 그리고 주어진 사건이 일어날 것인지 일어나지 않을 것인지를 예견하고자 할 때, 혹은 그 사건이 일어나도록 하고자 할 때, 우리가 찾고 있는 것은 충분조건이다.

청와대 브리핑(2006. 04. 17. 617호)에서도 '개방은 선택이 아니라 필수조건' 이라고 하여 필수조건이라는 말을 하고, 광대라고 할 수 있는 윤문식(2006. 03. 17. 08:50. KBS1 아침마당)도 '~~필요조건은~~ 되지만, 필수조건은 아니다' 라고 하여 ~~필요조건은~~ 선택이고 필수조건은 선택이 아님을 분명히 말하고 있는데, 유독 논리학자들과 고등학교 수학책, 교육부에서만 필수조건을 선택조건인 ~~필요조건~~이라고 하여 모든 학문이 방향을 상실하게 하고 있습니다. 필수조건에 대해 장황하게 인용한 것은 용어에서도 중요하지만, 내용에서도 매우 중요하기 때문입니다.

제2장

측정

1. 측정과 조작적 정의

일정한 규칙에 따라 어떤 대상(사람, 사건, 속성 등)의 특성에 수치를 부여하는 것을 측정이라 합니다. 특성에는 물리적 특성과 심리적 특성이 있습니다. 자연과학 분야에서는 몸무게, 키, 길이 등과 같은 물리적 특성을 주로 다룹니다. 직접 볼 수 있는 물리적 특성은 비교적 쉽게 측정할 수 있습니다. 이와 달리 인문과학 분야나 사회과학 분야에서는 직접 볼 수 없는 심리적 특성을 다룹니다. 따라서 측정하고자 하는 특성에 대한 용어선정에서 개념적 정의, 조작적 정의가 조금은 복잡하거나 어렵습니다. 용어선정이나 개념적 정의가 되어있을 때, 용어를 측정하는 구체적 방법이 과학의 일차 관문입니다. 용어에 대해서 수치로 측정하여 정의하는 것을 조작적 정의라고 합니다.

측정에서의 규칙은 대상에 대해 수치를 부여하는 규칙을 말합니다. 규칙이 일정하지 않으면 동일 대상에 부여하는 수치가 달라질 수 있습니다. 따라서 측정을 하기 전에 규칙을 확실히 정하여 두는 것이 측정에서 매우 중요한 일입니다.

예를 들면, 화가 난 정도에 따라 1에서 5까지 수치를 부여하는 경우를 가정해 봅시다. 어떤 사람이 매우 화가 났으면 5를 부여하고, 거의 화가 나지 않았으면 1을 부여합니다. 또 성별에 따라 1과 2를 부여하는 경우도 있을 수 있습니다. 여성에게는 1, 남성에게는 2를 부여합니다.

수치라도 그 수치가 양적인 의미를 가지기 위해서는 그 수치에 양적인 의미를 부여해야 합니다. 예를 들어, 대학생들의 학번, 자동차의 번호 등과 같은 숫자는 양적 의미를 지니지 않습니다.

측정하고자 하는 특성이 정해지면, 이 특성을 잴 수 있는 측정도구를 정하고, 측정단위를 정하여 측정합니다. 예를 들어, 몸무게를 재는 경우, 몸무게라는 특성이 있고, 몸무게를 잴 수 있는 체중계를 선택하고, 킬로그램이라는 측정단위에 따라 0킬로그램, 10킬로그램, 20킬로그램, 30킬로그램, 40킬로그램 등으로 몸무게를 측정합니다. 물론, 측정단위를 그램으로 할 수도 있습니다. 물리적 특성을 측정하려고 하는 경우에는 비교적 쉽습니다.

물리적 특성이 아닌 지능, 태도, 가치관, 감정상태 등과 같은 심리적 특성을 측정하려고 하는 경우에는 비교적 어려운 경우가 많습니다. 물리적 특성과는 달리 심리적 특성은 사람에 따라서 다른 의미로 사용할 수도 있습니다. 심리적 특성 혹은 추상적 개념을 측정하기 위해서는 구성개념을 만들고 측정할 수 있는 형태로 정의해야 합니다.

직접 측정하기가 어려운 심리적 특성을 측정하기 위해서는 측정하려고 하는 구성개념에 대한 조작적 정의를 해야 합니다. 조작적 정의란 '용어에 대해 측정 방법을 통해서 하는 정의' 입니다. 조작적 정의를 통해 연구자는 다른 연구자와 효과적으로 의사소통을 하고 다른 연구자들이 반복 연구를 할 수 있도록 합니다.

2. 측정의 수준

심리적 특성에 따라 수치를 부여하는 측정의 수준은 네 수준으로 구분할 수 있습니다.

특성에 대해 부여한 수치가 내포하는 의미 혹은 속성은 다양합니다. 즉, 동일한 숫자 1, 2, 3, 4, 5라 하더라도 이 숫자가 나타내는 의미 혹은 속성은 다를 수 있습니다. 숫자의 의미 혹은 속성에 따라 네 수준으로 구분할 수 있습니다.

첫째, 단순히 범주의 속성만을 나타내는 명명척도(nominal scale)가 있습니다. 명명척도로 부여한 수치는 양의 의미를 지니지 않습니다. 명명척도는 순서도 정할 수 없고, 더하기나 빼기도 할 수 없습니다. 명명척도는 대상의 이름을 정하기 위해 사용하는 문자처럼 비슷하게 명칭에 불과합니다. 개인이나 집단에 1, 2, 3, 4, 5 등을 부여했다면, 이 수치들은 명칭일 뿐입니다. 예를 들면, 성별의 경우, 남자는 1로 표현하고 여자는 2로 표현할 수 있습니다. 이 경우에서 수치는 남자와 여자라는 범주만을 나타내고, 수치 사이에 순서를 정할 수 없고 가감승산을 할 수 없습니다. 즉, 1이 2보다 먼저(순서상 남자가 여자보다 앞선다!)라고 말할 수 없습니다. 일반 수치에서는 1에 1을 더하면 2가 됩니다. 그러나 남자에 남자를 더하면 여자가 된다라고 할 수는 없습니다. 명명척도는 더하기나 빼기를 할 수 없고, 주로 빈도수를 계산하는 데 사용합니다.

이와 같이 부여된 수치가 범주만을 나타내는 척도를 명명척도라고 합니다. 명명척도는 측정 대상을 단순히 분류하는 것이지만 그래도 다음과 같은 원칙은 지켜야 합니다. 범주들은 **완전성**을 지녀야 합니다. 즉, 분류 대상을 전부 포함할 수 있도록 범주를 정해야 합니다. 그리고 상호 배타적으로 분류할 수 있어야 합니다. 즉, 동시에 서로 다른 두 범주에 속하면 안 됩니다. 반드시 한 범주에만 속해야 하고, 한 범주에 속하게 되면 다른 범주에는 속해서는 안 됩니다. 그리고 동일 대상은 동일 값을 가져야 합니다. 명명척도는 척도가 아니라고 말하는 사람도 있지만, 측정으로 보는 것이 더 좋을 것 같습니다. 명명척도와 관련된 통계방법으로는 백분율, 최빈값, 카이제곱 검증 등이 있습니다.

둘째, 부여된 수치가 서열의 속성을 가지는 서열척도(ordinal scale)가 있습니다. 즉, 특성이나 속성에 따라 서열을 매길 수 있는 척도를 말합니다. '가'는 '나'보다 크고, '나'는 '다'보다 클 경우, '가'는 '다'보다 크다라고 할 수 있어야 합니다. 이것을 이행성 공리(transitivity postulate)라고 합니다.

서열척도는 서열만을 나타낼 뿐 간격이나 비율은 나타내지 못합니다. 즉, 수치 간의 간격이 동일하다는 것을 나타내 주지 못하고 절대적인 수량을 나타내지 못합니다. 예를 들면, 1등, 2등, 3등, 4등 하는 학생이 있다고 합시다. 이런 석차는 서열은 나타내 주지만, 1등과 2등, 2등과 3등, 3등과 4등 간의 간격이 어느 정도인지는 말할 수 없습니다. 즉, 1등과 2등의 간격도 수치적 간격은 1이고 2등과 3등의 수치적 간격도 1이지만 수치적 간격 1의 의미가 같은지 다른지는 알 수가 없습니다. 따라서 서열척도는 명명척도와 마찬가지로 더하기, 빼기를 할 수 없습니다. 서열척도와 관련된 통계 방법으로는 빈도, 중앙값, 서열상관 등이 있습니다.

셋째, 간격은 표현할 수 있지만 절대 영점이 없는 등간척도(interval scale)가 있습니다. 등간척도는 분류하고 서열을 정하며 동시에 간격도 측정할 수 있습니다. 따라서 상호 배타적으로 분류할 수 있어야 하고, 서열을 정할 수 있는 것이어야 하고, 간격의 차이도 측정할 수 있어야 합니다. 등간척도의 예로 온도, 학업 성취도, 제품 선호도를 들 수 있습니다.

등간척도는 등간은 나타낼 수 있지만 비율은 나타낼 수 없습니다. 예를 들면, 온도를 측정할 때, 섭씨 5도, 섭씨 10도, 섭씨 15도, 섭씨 20도, 섭씨 30도 등으로 표현할 수 있습니다. 섭씨 0도라고 해서 온도가 없는 것은 아닙니다. 등간척도는 가감 계산이 가능합니다. 등간척도와 관련된 통계 방법으로는 평균, 표준편차, 적률상관, 모수통계, 비모수통계 등이 있습니다.

넷째, 부여된 수치가 절대 영점이 있는 비율척도(ratio scale)가 있습니다. 예를 들면, 몸무게를 측정할 때, 0킬로그램, 10킬로그램, 15킬로그램, 20킬로그램, 40킬로그램, 70킬로그램, 80킬로그램, 100킬로그램, 120킬로그램 등으로 표현할 수 있습니다. 이 경우에서, 0킬로그램은 몸무게가 없는 경우를 나타내고 30킬로그램의 두 배는 60킬로그램이 됩니다. 이처럼 비율척도에는 절대 영점이 존재하기 때문에 더하기나 빼기뿐만 아니라 곱하기나 나누기도 할 수 있습니다. 비율척도에 사용할 수 있는 통계 방법은 등간척도와 같습니다.

3. 측정의 신뢰도

반복 측정에서 동일한 값을 얻을 정도를 신뢰도라 하고 측정하고자 하는 특성을 정확하게 측정하는 정도를 타당도라 합니다. 다음에서 측정의 수준, 신뢰도, 타당도를 구체적으로 살펴봅니다.

앞에서 측정은 규칙에 따라 수치를 부여하는 과정이라고 했습니다. 그런데 심리적 특성은 직접 볼 수 없으므로 측정하고자 하는 심리적 특성을 제대로 측정하고 있는지에 대해 의문을 가질 수 있습니다. 이 의문 혹은 믿음성의 문제는 두 측면에서 생각할 수 있습니다. 하나는 신뢰도이고 다른 하나는 타당도입니다. 신뢰도는 수치 자체에 대한 믿음성입니다. 예를 들면, 체중계로 동일대상의 몸무게를 네 번 측정하였는데 59, 60, 59, 60으로 나왔다면 체중계에 나타난 수치 자체를 신뢰할 수 있지만, 55, 60, 55, 70으로 나왔다면 체중계에 나타난 수치 자체를 신뢰할 수 없을 것입니다. 또 다른 예로, 어떤 지능검사를 한 사람에게 네 번 측정했는데, 99, 100, 100, 101로 나왔다면 지능검사에서 나타난 수치 자체를 신뢰할 수 있고, 90,

100, 90, 135로 나왔다면 이 지능검사에서 나타난 수치 자체를 신뢰할 수 없을 것입니다.

신뢰도를 측정하는 방법에는 검사-재검사 신뢰도, 동형검사 신뢰도, 반분 신뢰도, 내적 합치도, 평가자간 신뢰도 등이 있습니다. 검사-재검사 신뢰도는 '시간 간격을 두고 두 번 측정하여 측정치 간의 상관관계를 구하는 것' 입니다. 이렇게 해서 구해진 상관계수를 검사-재검사 신뢰도라고 합니다. 예를 들면, 지능검사를 한 집단에게 실시하고 일 년 후에 같은 집단에게 다시 실시하여 두 측정치 간의 상관을 구하는 것입니다.

검사-재검사 신뢰도는 측정이 매우 간단하다는 장점이 있습니다.

동형검사 신뢰도는 비슷한 측정도구로 한 집단을 대상으로 동시에 측정하여 얻은 수치에 대해 상관을 구하는 것입니다. 이렇게 해서 구해진 상관계수를 동형검사 신뢰도라고 합니다.

반분 신뢰도는 특정 집단을 대상으로 측정한 후 측정치를 두 부분으로 나누어 두 측정치 간의 상관을 구하는 것입니다. 이렇게 해서 구해진 상관계수를 반분 신뢰도라고 합니다. 예를 들면, 한 질문지로 특정 집단을 대상으로 측정한 후, 홀수 문항에 대한 응답과 짝수 문항에 대한 응답 간의 상관을 알아보는 것입니다. 이렇게 해서 구해진 상관계수를 반분 신뢰도라고 합니다.

내적 합치도(internal consistency)는 논리적으로 반분 신뢰도의 연장으로 볼 수 있습니다. 즉 문항들 간의 관련성이 어느 정도인지를 알아보는 것입니다. 반분 신뢰도가 두 부분으로 나누어 보는 것이라면, 내적 합치도는 각 문항들 간의 상관을 한꺼번에 전부 알아보는 것입니다. 내적 합치도는 문항 수가 많을수록 커집니다. 내적 합치도는 .60 이상 되어야 문항 전체를 내적 합치도가 있는 것으로 봅니다. 내적 합치도가 낮을 경우, 한 문항씩 제거하여 내적 합치도를 향상시킬 수 있습니다. 현재로서는 측정의 신뢰도

중에서 내적 합치도가 가장 널리 사용되고 있습니다.

평가자간 신뢰도는 평가자(혹은 관찰자)간의 일치 정도를 측정하는 것입니다. 일반적으로 여러 사람이 평정할 경우, 평가자간 신뢰도를 구하게 됩니다.

4. 측정의 타당도

타당도는 측정하고자 하는 목표가 실제로 달성된 정도를 말합니다. 예를 들면, 어떤 연구자가 자기표현 질문지를 개발했다고 합시다. 자기표현을 측정해 줄 것으로 생각한 질문지가 자기표현은 측정하지 못하고, 공격성을 측정할 수도 있습니다.

즉 타당도는 측정치의 의미를 알아보는 것입니다.

측정 대상이 물리적 속성이면 일반적으로 타당도가 문제시되지 않습니다. 길이, 몸무게, 키 등은 대상을 직접 측정하기 때문에 측정 내용을 의심할 여지가 없습니다. 그러나 지능, 적성, 태도, 자기존중감, 권위주의, 우울증 등과 같은 심리적 특성은 다릅니다. 이 용어들을 개념적으로는 정의하였다 하더라도 측정도구가 정확히 그것을 측정하는지 명료하지 않기 때문에, 타당도의 문제가 발생합니다.

타당도에는 내용타당도, 준거타당도, 구성타당도 등이 있습니다.

내용타당도는 '측정하고자 하는 내용을 얼마나 측정하였는지를 평가하는 것' 입니다. 즉, 내용타당도는 측정도구의 내용이 개념의 내용을 나타내는 정도입니다. 측정도구가 '측정하고자 하는 내용을 얼마나 잘 반영하는가' 에 대한 평가입니다. 예를 들면, 수학능력을 측정하는 시험이 영어로 된 문항들로 되어 있다면 영문 독해 능력이 없어서 문제를 풀지 못하는 경우가 있을 수 있으므로 내용타당도가 낮다고 할 수 있습니다. 이런 경우, 수학 능력을 측정하는 시험이기보다는 영어 능력을 측정하는 시험이라고 해야 할 것입니다.

일반적으로 내용타당도 평가는 해당 분야의 전문가나 연구자의 주관적 판단으로 합니다. 예를 들면, 고등학교 심리학 시험의 내용타당도를 검증하기 위해서는 고등학교 심리학 교사들이 평가하면 됩니다. 내용타당도와 비슷하여 혼동하기 쉬운 타당도가 안면타당도입니다. 안면타당도는 내용타당도의 한 종류로 오해할 수 있지만, 전문가가 아닌 일반인이 하는 것입니다.

준거타당도는 '다른 측정도구에서의 측정값' 을 준거로 현재 측정도구에서의 측정값과 비교하여 관계의 정도로 현재 측정도구의 타당성을 밝히는 것입니다. 준거타당도는 과거의 공인타당도와 예언타당도를 통합한 용어입니다.

과거의 예언타당도란 '측정도구의 결과가 미래 측정의 행동이나 특성을 예언하는 정도' 와 관련된 것이었습니다. 즉, 한 측정값이 다른 측정값을 예언하는 정도를 말하는 것이었습니다. 예를 들면, 지능지수가 대학에서의 성적을 예언하는 정도, 즉 지능지수가 높았던 학생들의 대학에서의 성적을 조사한 결과 둘 사이의 상관이 높다면 지능이 대학에서의 성적에 대한 예언타당도는 높다라고 말할 수 있습니다. 공인타당도는 '한 측정값과 같은 목표를 측정하는 다른 측정값과의 상관 정도' 를 나타낸 것입니다. 예를 들면, 지필 검사로 측정한 도덕성과 실제 도덕적 행동 사이에 높은 상관이 있다면, 지필 검사는 공인타당도가 높다고 말할 수 있습니다. 그런데 지금은 이 둘을 통합하여 준거타당도라고 합니다. 자세히 따져보면 시간 변수의 선후는 별 의미가 없기 때문입니다.

구성타당도는 구성개념을 얼마나 잘 측정했는지를 평가하는 것입니다. 예를 들면, 창의력은 세 구성개념 즉 민감성, 유창성, 독창성으로 구성된다고 할 때, 이를 근거로 검사를 제작하여 실시한 후에 이 창의력검사가 세 구성개념을 제대로 측정하고 있다면 구성타당도가 있다고 말할 수 있습니다. 이 창의력 검사가 구성개념들을 제대로 측정하지 못하였거나 다른 구성개념을 측정하였다면 구성타당도가 낮다고 할 수 있습니다.

구성타당도는 일반적으로 상관을 통해서 알아보는 방법과 요인분석을 통해서 알아보는 방법으로 구분할 수 있습니다. 상관을 통해서 알아보는 방법에는 수렴타당도와 변별타당도가 있습니다. 수렴타당도는 동일 개념을 측정하는 기존의 다른 측정값과의 상관계수로 구성타당도를 평가하는 방법입니다. 물론, 기존의 다른 측정값은 반드시 신뢰도와 타당도가 좋은 것이어야 합니다. 변별타당도는 '전혀 다른 개념을 측정한 측정값'과의 상관이 낮을 때 변별타당도가 높다고 합니다. 수렴타당도와 마찬가지로 기존의 다른 측정값은 반드시 신뢰도와 타당도가 좋은 것이어야 합니다.

요인분석을 통해서 알아보는 구성타당도는 자신의 이론적 구성개념이 얼마나 정확한지를 이론적 잠재구조를 통해서 파악하는 것입니다. 요인분석은 통계적으로 복잡한 과정이지만, 검사를 개발하거나 표준화하는 과정에서 거쳐야 하는 절차입니다.

5. 측정 방법

측정 방법은 일반적으로 관찰법, 검사법, 조사법으로 구분합니다. 기타 편의상 면접법, 자연관찰법, 체계적 관찰, 직접 관찰, 참여 관찰, 행동 측정, 행동주의 평가, 자기 보고법, 타인 보고법, 평정, 면접, 직접 측정, 간접 측정, 생리적 측정, 임상평가, 일기, 질문지법, 항목표, 생물학적 검사, 실물 측정, 투사, 의미분석법 등의 이름을 사용하기도 합니다.

1) 관찰법

특정 시간에 연구 대상의 행동을 보거나 들으며 자료를 수집하는 방법을 관찰법이라 합니다. 즉, 관찰자가 대상자의 행동을 관찰하여 측정 자료로 수집하는 방법입니다. 관찰법은 어떤 대상에게나 적용할 수 있고 관찰자가 직접 관찰함으로 가장 확실한 자료를 얻을 수 있습니다. 처음 관찰하려던 행동뿐만 아니라 다른 부수적 행동도 수집할 수 있습니다. 그러나 관찰법으로는 정서나 사고는 측정하기가 어렵습니다. 또 관찰자의 편견이 개입될 소지도 많습니다.

관찰에는 참여 관찰과 비참여 관찰이 있습니다. 참여 관찰은 '관찰자가 연구 대상의 생활에 들어가서 활동하면서 관찰하는 것'을 말합니다. 참여 관찰에서는 관찰자가 연구 대상과 더불어 자연스럽게 활동하므로 외현적으로 명료하게 나타나지 않을 수 있는 연구대상의 사고, 신념, 동기 등을 연구하기가 용이합니다. 그러나 관찰자의 존재가 연구 대상의 활동에 영향을 주어 연구 대상의 활동을 변질시킬 수 있습니다. 비참여 관찰은 '연구 대상의 생활에 들어가지 않고 일정한 거리를 두고서 관찰하는 것'을 말합니다. 비참여 관찰에서는 관찰자가 비교적 객관적 입장에서 연구 대상의 행동을 관찰할 수 있습니다. 참여 관찰과 비교하여 연구 대상의 사고, 신념, 동기 등을 연구하는 것은 어렵습니다.

또 다른 차원에서 관찰을 구조화 관찰과 비구조화 관찰로 구분하기도 합니다. 구조화 관찰은 '관찰하기 전에 항목, 시간 등을 결정하여 즉 측정도구를 사용하여 관찰 내용을 기록하는 방법'을 말합니다. 구조화 관찰은 수량적 분석이 용이합니다. 비구조화 관찰은 구조화 관찰법과는 달리 '관찰하기 전에 항목, 시간 등을 결정하지 않으므로 관찰 내용 자체가 달라질 수 있는 방법'을 말합니다.

2) 조사법

측정하려는 내용을 체계적 질문으로 작성하여 대상자에게 답하도록 하여 자료를 수집하는 측정방법을 조사법이라고 합니다. 조사법에서는 대상자가 자신의 반응을 제공합니다. 대상자에게 자유롭게 답할 수 있는 질문을 할 수도 있고, 보기에서 답을 선택하도록 할 수도 있고, 해당사항에 체크하도록 할 수도 있고, 평정하게 하도록 할 수도 있습니다. 조사법은 한꺼번에 많은 자료를 수집할 수 있어 시간과 비용이 적게 들고, 사고나 정서 등과 같은 내면적 반응을 수집하기가 용이합니다.

3) 검사법

검사법은 원칙적으로 바로 앞에서 논의한 조사법과 거의 같습니다. 그러나 조사법에서는 대상자들의 반응 자체를 자료로 사용하고, 검사법에서는 대상자들의 반응을 원자료로 하여 전문가로서 해석한 내용을 자료로 사용합니다. 즉 조사법에서는 반응 자체를 자료로 하고, 검사법에서는 반응에 기초하여 추론한 속성을 자료로 사용합니다. 비슷한 개념으로 척도(scale)라는 말이 있습니다. 척도는 연구대상자의 행동에 숫자를 부여할 수 있도록 구성된 도구를 말합니다. 이 정의에 따르면, 모든 검사는 척도라고 할 수 있습니다. 그러나 모든 척도를 검사라고 할 수는 없습니다. 검사가 되기 위해서는 반드시 전문가의 해석 혹은 전문가의 추론이 있어야 합니다. 따라서 검사는 반드시 척도라고 할 수 있지만, 척도는 반드시 검사라고 할 수 없습니다. 검사법에는 질문지법과 투사법 등이 있습니다.

4) 기타 1: 질문지법

조사법에서나 검사법에서 질문지를 많이 사용합니다. 연구자들이 제시하는 질문지에 연구대상자들이 답하도록 하는 측정법을 질문지법이라고 합니다. 질문지에는 다음과 같은 유형들이 있을 수 있습니다.

① 자유응답형이 있습니다. 어떤 사실에 대해 연구대상자 자신의 생각, 감정, 행동을 자유롭게 기술하도록 하는 것입니다. 예를 들면, "당신은 가족에 대해 어떻게 생각하십니까? 생각나는 대로 적어 주십시오" 하는 것입니다.

② 선택형이 있습니다. 응답을 2개 이상 미리 작성하여 제시한 후, 연구대상자에게 고르도록 하는 것입니다. 예를 들면, "다음의 항목 중에서 당신에게 해당하는 사항을 2개를 골라 (　　) 안에 V표 하십시오", "다음의 항목 중에서 당신에게 해당하는 사항을 모두 골라 (　　) 안에 V표 하십시오", "다음의 항목 중에서 당신에게 해당하는 사항을 하나만 골라 (　　) 안에 V표 하십시오" 입니다. 때로는 두세 개씩 짝지어진 항목들을 서로 비교하여 어느 하나를 선택하도록 할 수도 있습니다. 예를 들면, "다음의 짝 중에서 당신이 더 좋아하는 과목에 O표 하시오. 수학(　　)－영어(　　), 영어(　　)－국어(　　), 수학(　　)－지구과학(　　), 지구과학(　　)－국어(　　)" 입니다.

③ 서열형이 있습니다. 정도에 따라서 서열을 매기는 것입니다. 예를 들면 "다음 음식들 중에서 당신이 좋아하는 순서에 따라 서열을 매기십시오" 입니다.

④ 평정형이 있습니다. 연구자가 제시하는 항목에 대해 정도에 따라서 점수를 매기는 것입니다. 일반적으로 점수의 범위는 1에서 3, 1에서 5, 1에서 7 등과 같이 개수가 홀수로 되게 합니다. 예를 들면, "한국의 스마트폰 보급률에 대해 어떻게 생각하십니까? 보급률이 너무 높다고 생각한다(　　), 보급률이 조금 높다고 생각한다(　　), 보급률이 적절하다고 생각한다(　　), 보급률이 조금 낮다고 생각한다(　　),

보급률이 너무 낮다고 생각한다( )" 입니다.

5) 기타 2: 면접법

면접법은 대면하여 주로 구어적 대화를 통해 자료를 수집하는 방법을 말합니다. 원칙적으로 관찰법, 조사법, 검사법을 모두 사용할 수 있습니다.

면접법에서는 다른 방법들보다 응답률이 높고 상황에 따라서 질문 내용에서 융통성을 발휘할 수 있고, 자료를 폭넓고 심도 있게 수집할 수 있으나, 면접자의 주관이 개입될 수 있는 여지가 많습니다.

면접법도 면접 대상의 수에 따라 개인 면접과 집단 면접으로 구분할 수도 있고, 면접에 소요되는 시간에 따라 단기 면접과 장기 면접으로 구분할 수도 있고, 질문 구성에 따라 구조화 면접법과 비구조화 면접법으로 구분할 수도 있습니다.

6. 측정의 타당도와 연구의 타당도

신뢰도와 타당도라는 말을 할 때에는 약간은 주의해야 합니다. 측정의 신뢰도와 타당도가 있고, 여기에 대해서는 이미 설명하였습니다. 연구의 타당도는 별도로 있습니다. 연구의 신뢰도라는 말은 쓰지 않습니다. 연구의 타당도에는 내적 타당도와 외적 타당도가 있습니다. 내적 타당도는 결과를 증거 논리적으로 잘 이끌어 내었는가 하는 문제입니다. 외적 타당도는 내적 타당도가 확립되었다는 전제하에 현재 연구의 결과를 다른 집단에 적용시킬 수 있는가 하는 문제입니다.

제3장

논문의 형식

'국내외에서 매우 유명하고, 필자들의 생각에도 매우 좋은 책을 집필한 저자' 들은 연구의 일반적 절차 혹은 논문 형식을 다음과 같이 제시하고 있습니다. 이를 근거로 필자들은 실증적 석사학위논문의 일반적 형식 혹은 일반적 절차를 다음과 같이 제시합니다.

성태제 · 시기자 (2007, 372면)	송인섭 등 (2008, 261면)	민윤기 (2008, 3면)	조현춘 등 공역 (2005, 63면)	조현춘 등 (2011)
Ⅰ. 서론 연구와 관련된 일반적 진술 연구문제와 연구의 중요성 연구목적	Ⅰ. 서론 연구문제의 선정 연구의 목적 ~~(가설, 264면)~~	초록 Ⅰ. 서론 문헌 고찰 목적 진술	제목–연구자–소속–초록 Ⅰ. 서론 문헌고찰, 검토, 창조성 등 문제 결정	겉표지–속표지–초록–목차–표목차–그림목차 Ⅰ. 서론 일차선행연구 고찰 등 일반적 진술 연구문제 선정 연구 목적 (용어 선정)
Ⅱ. 이론적 배경	Ⅱ. 이론적 배경 ~~[용어의 정의]~~ 선행연구 고찰 가설의 형성	[Ⅱ.]	[――――――] 가설 설정	Ⅱ. 이론적 배경 이차 선행연구 고찰 가설 설정

(계속)

성태제 · 시기자 (2007, 372면)	송인섭 등 (2008, 261면)	민윤기 (2008, 3면)	조현춘 등 공역 (2005, 63면)	조현춘 등 (2011)
Ⅲ. 연구방법 연구대상 연구절차 측정도구 및 측정절차 ~~[연구가설]~~	Ⅲ. 연구방법 연구대상 측정도구 연구절차 분석방법	Ⅲ. 방법 피험자 설계 재료 절차	Ⅲ. 방법 피험자(동물)사용승인 실험수행	Ⅲ. 연구방법 연구설계 연구대상 측정도구; 조작적 정의 연구절차 통계 처리
Ⅳ. 연구결과 연구대상의 특징 ~~[측정도구의 신뢰도와 타당도]~~ 기술통계와 추리통계 분석결과	Ⅳ. 연구결과 자료의 요약 가설 검증 결과 해석	Ⅳ. 결과	Ⅳ. 결과 자료분석과 결과해석	Ⅳ. 연구결과 기술통계결과 유의통계결과 통계해석결과
Ⅴ. ~~[결론 및 논의]~~ 결론 적용과 시사점 연구의 제한점 및 제언	Ⅴ. 논의 및 결론 논의 결론 참고문헌 부록 외국어 초록	Ⅴ. 논의 참고문헌	Ⅴ. 논의 참고문헌	Ⅴ. 논의 및 결론 논의 결론 참고문헌 부록 외국어 초록

필자들이 실증적 석사학위논문의 일반적 형식 혹은 일반적 절차를 제시하는 이유는 '자기 논문의 총체적 청사진' 을 두고 조금씩 조금씩 수정 보완하는 것이 가장 좋은 논문 쓰는 법이라고 확신하기 때문입니다. 얼핏 보면 비슷비슷한 것 같아도 실제로 논문을 쓰려고 보면 매우 혼란스러운 것이 현실입니다. 그리서 필자들은 실증적 석사학위논문을 쓰려는 사람은 다음 순서 내지 형식을 먼저 그려둔 후에 하나씩 채워가는 식으로 하는 것이 매우 좋을 것이라고 생각합니다.

겉표지
속표지
초록
목차

Ⅰ. 서론
Ⅱ. 이론적 배경
Ⅲ. 연구방법
Ⅳ. 연구결과
Ⅴ. 논의 및 결론
참고문헌
부록
외국어 초록

표 목차
그림 목차

들어갈 내용을 논하기 전에 이러한 형식 혹은 절차를 정한 이유부터 말씀드리겠습니다. 서론 앞에 있는 부분 즉 '겉표지-속표지-초록-목차-표목차-그림목차' 에 대해서 구태여 언급하는 것은 처음부터 이 부분에 대한 내용을 채워두는 것이 심사 후에 부랴부랴 채우면서 오류를 범하는 것보다 낫다는 생각이 있기 때문입니다.

또 서론에 다른 필자들은 언급하지 않은 '용어 선정' 이라는 항목을 넣은 것은 송인섭 등이 본론에 '용어 정의' 를 넣어 두었기 때문입니다. 용어 정의와 용어 결정은 다른 내용입니다.

1. 겉표지

다음은 저희 교실원인 리우찬의 논문 겉표지입니다(2009). 대개의 석사학위논문의 겉표지는 다음 내용들을 포함하고 있습니다.

> [대학교 이름과 학위논문 이름] 경북대학교 문학석사학위논문
> [논문 제목] 행복훈련 집단상담이 자존감과 심리적 안녕감에 미치는 영향
>
> [대학원 이름과 학과 이름] 대학원 심리학과
> [연구자 이름] 리 우 찬
>
> [심사완료일] 2009년 12월
> [대학교 이름과 대학원 이름] 경북대학교 대학원

또 학교마다 형식이 조금 다를 수도 있습니다. 다른 부분에 대해서는 별도의 설명이 필요 없을 것으로 봅니다. 그러나 논문 제목에 대해서는 약간의 설명이 필요할 것으로 봅니다. 논문 제목에는 연구자의 연구 의도가 나타나 있어야 합니다. 제목을 보면, 논문의 핵심 내용을 알 수 있어야 제대로 된 제목이라고 할 수 있습니다. 이 논문의 경우 1) 독립변수가 행복훈련이고, 2) 종속변수가 자존감과 심리적 안녕감이며 3) 실험연구라는 것이 분명합니다. 만약에 누군가가 '나이가 지적 활동에 미치는 영향' 이라는 논문 제목을 사용했다면, 우리는 금방 아! 이 연구자는 인과관계가 뭔지 상관관계가 뭔지를 전혀 모르는 무식한 연구자구나!라고 생각할 수 있어야 합니다. 그리고 이 사실 하나만으로도 이 논문은 믿을 수 없는 논문이라는 사실을 알아차릴 수 있어야 합니다. 인과관계를 말할 수 있는 실험논문과 인과관계는 말할 수 없는 비실험논문에 대해서는 뒤에서 설명드리겠습니다.

또 제목에 있는 변수들은 원칙적으로 핵심단어가 됩니다. 핵심단어는 다른 사람들이 관심 있는 연구를 간단히 찾을 수 있는 단서가 됩니다. 다른 사람들은 핵심단어를 통해 자신이 관심 있어 하는 논문을 검색할 수 있습니다. 따라서 때로는 수백 면이 되고, 때로는 수십 면이 되는 긴 논문을 한두 줄로 요약하여 제목으로 만드는 일은 매우 중요합니다.

2. 속표지

다음은 저희 교실원인 리우찬의 논문 속표지입니다. 대개의 석사학위논문의 속표지는 다음 내용들을 포함하고 있습니다.

[제목] 행복훈련 집단상담이 자존감과 심리적 안녕감에 미치는 영향

[논문의 활용] 이 논문을 문학석사 학위논문으로 제출함

[대학원 이름과 학과 이름] 대학원 심리학과

[연구자 이름] 리 우 찬

[지도교수 이름] 지도교수 조 현 춘

[제출 근거] 리우찬의 문학석사 학위논문을 인준함

2009년 12월

위원장

㊞

㊞

㊞

[대학교 이름과 대학원위원회 이름] 경북대학교 대학원위원회

속표지의 대부분에 대해서도 별도의 설명이 필요 없을 것으로 봅니다. 그러나 심사위원들의 이름에 대해서는 약간은 설명이 필요할 것으로 봅니다. 심사위원들의 도장이 찍힌 속표지는 공문서에 속합니다. 따라서 학교에 공식적으로 제출하는 것으로 끝입니다. 이 공문서를 복사해서 유통시키는 것은 좀 그렇습니다. 지금 필자들로서는 심사위원들의 이름이나 도장이 없는 상태의 논문을 유통시키는 것이 옳다고 봅니다. 고백하건대 교수 생활하면서 학위논문 심사가 가장 괴로운 일이었습니다. 필자들의 생각에 도저히 아닌 경우에도 후배의 앞날을 막기 싫어서 도장을 찍는 경우도 많았습니다. 다른 사람들도 모두 그렇게 석사 박사 되는데 단지 별난 심사위원 만나서 학위 받지 못하는 것도 불공평하기 때문이었습니다. 많은 논문들이 그렇게 쓰이고, 심지어 연구법 책조차도 그렇게 되어있고, 더 고통스러운 경우는 다른 심사위원이 '엉터리로 쓰지 않으면 통과시키지 않겠다' 고 하는 때였습니다. 특히 제III부 '왜 조현춘교수의 논문연구법인가?'에 대해서 관심을 가져 주시고, 잘못된 부분이 있다고 생각하시는 분은 홈페이지 '조현춘교수의 논문연구법' 을 통해서 지도해 주시기를 간절히 부탁드립니다.

3. 초록

초록은 논문의 전체 내용을 1~2면 정도로 요약하여 적은 것입니다. 초록만 읽어도 핵심내용을 이해할 수 있어야 합니다. 초록에는 연구의 목적과 다이아몬드 육하원칙을 중심으로 연구 방법, 연구 결과 등을 씁니다. 연구가설은 쓰지 않습니다. 왜냐하면, 연구 결과는 연구 가설의 지지 여부에 따르기는 하지만, 연구 가설의 반복이기 때문입니다. 초록에 반복이 들어가는 것은 옳지 않습니다. 앞의 연구에서 연구 가설 1은 '행복훈련은 자존감을 높일 것이다' 입니다. 그런데 이 가설이 지지되었으므로 결과는 '행복훈련은 자존감을 통계적으로 유의한 수준에서 높인다고 할 수 있다' 입니다. 초록에서 구태여 가설과 결과를 따로 제시할 필요는 없다는 뜻입니다. 결과에 이미 가설이 있는 것입니다. 만약에 연구 가설이 기각되었다면, '행복훈련은 자존감을 높일 것이다' 라는 가설은 기각되었다고 말하면 됩니다. <'행복훈련은 자존감을 높일 것이다' 이라는 가설을 쓰고, '행복훈련은 자존감을 높일 것이다' 라는 가설은 기각되었다>와 같이 초록에서 가설을 구태여 두 번 쓸 필요는 없다는 말입니다.

다이아몬드 육하원칙에 의한 기술은 원칙적으로 단순기술법에 완전히 적절합니다. 그러나 실험법에서도 이를 지키려고 노력하는 것이 좋습니다. 또한 기술통계결과와 유의통계결과, 통계해석결과가 거의 조화를 이루지 못하고 있는 국내 연구의 현실을 감안하면, 당분간은 이 셋을 구분하면서 같이 제시하는 것도 권장할 만하다고 할 수 있습니다. 다시 한 번 책의 제Ⅲ부 '왜 조현춘교수의 논문연구법인가?'로 자신의 논문이나 주변의 논문들을 살펴봐 주시기를 부탁드립니다. 그리고 제Ⅲ부 내용을 포함해서 이 책 내용 중에서 잘못된 부분이 있으면 홈페이지 '조현춘교수의 논문연구법'으로 연락주시기를 부탁드립니다.

'왜 조현춘교수의 논문연구법인가?' 를 이렇게 강조하는 것은 충분한 이유가 있습니다. 열 개 정도 문장으로 국내의 심리학 · 교육학 · 특수교육학 논문들을 자세히 살펴보면, 다른 논문도 아닌 박사학위논문들까지도 거의 전부가 폐기되어야 할 논문이 되기 때문입니다. 뿐만 아니라 연구법 책도 거의 대부분 폐기될 위기에 처할 것입니다. 다른 책이나 개인 연구논문도 아니고 연구의 지침이 될 연구법 책 중에는 극히 일부라고 하고 싶지만 사실은 거의 대부분의 책에서 '치명적 오류' 를 담고 있다는 것을 발견할 것입니다.

4. 목차

다음은 저희 교실원인 리우찬의 논문 목차입니다. 대개의 석사학위논문의 목차는 다음의 형식으로 되어 있습니다.

논문 표현의 1단계는 [Ⅰ. Ⅱ. Ⅲ.]으로, 2단계는 [1. 2. 3.]으로, 3단계는 [1) 2) 3)]으로, 4단계는 [(1) (2) (3)]으로 표시합니다. 그리고 5단계 혹은 기타 단순한 나열은 [① ② ③]으로 표시합니다. 더 많은 단계가 필요한 경우에 6단계는 [가. 나. 다.]로, 7단계는 [가) 나) 다)]로, 8단계는 [(가) (나) (다)]로 표시합니다.

자세한 논의에 들어가기 전에 목차의 전체적인 내용에 대해 말씀드리겠습니다. 민윤기(3면)와 솔소 등(163면)은 학위논문에 대한 내용이라기보다는 학술지 논문에 대한 내용 같습니다. 학위논문과 학술지 논문의 차이에 대해서는 뒤에서 다시 논하기로 하고, 성태제 · 시기자(2007년, 372면)와 송인섭 등(2008년, 261면)을 중심으로 논의하겠습니다.

Ⅰ 서론에 들어갈 내용에는 연구 문제가 핵심인 것 같습니다. 송인섭은 언급하지 않았지만 뜬금없이 바로 연구 문제를 제시하지는 않을 것입니다. 약간은 가벼운 마음으로 연구와 관련된 일반적 진술이 시작되며, 일반적

진술도 원칙적으로는 선행 연구를 바탕으로 시작됩니다. 본격적인 선행 연구 고찰은 이론적 배경에서 이루어지겠지만 그렇다고 해서 논문을 쓰기 위한 학자의 일반적 진술에서 선행 연구에 대한 언급이 없는 것은 너무 가볍다는 생각입니다. 물론 학자들 간의 토론에서 시작될 수도 있지만 이때에도 역시 선행 연구를 2~5개 찾아서 가볍게 혹은 선행연구의 제언을 살펴본 후 연구 문제를 제시하는 것이 원칙이라고 봅니다.

연구 문제 외에도 연구의 중요성(의의)이나 연구 목적을 별도로 제시할 수도 있습니다. 그러나 연구 목적의 경우 연구 문제와 거의 중첩된다는 것이 저희 필자들의 생각이기도 합니다. 때로는 분명히 따로 제시할 필요가 있을 때도 있습니다. 때로는 제시하지 않아도 된다는 것이 필자들의 생각입니다. 어쨌거나 서론은 비교적 일반적인 진술로 시작하며, 연구 문제를 제시하는 것이 핵심인 것 같습니다. 특히 서론에서 많은 인용 문헌을 제시하여 '이론적 배경'의 요약본이 되게 하는 것은 조금 곤란하다는 생각입니다.

특히 송인섭 등은 가설 설정을 이론적 배경 끝에 두고, 설명도 그렇게 했으면서도 264면에 서론에 가설을 제시하는 것이라고 하여 혼란을 주고 있습니다. 착오 없으시기 바랍니다. 이 부분은 저자들의 실수가 분명합니다. 때로는 서론에서 '용어 선정' 부분이 있는 경우도 있습니다.

II 이론적 배경에서는 선행 연구를 고찰하고, 가설을 설정하는 것이 핵심인 것 같습니다. 여기에 대해서는 논쟁의 여지가 없습니다. 그런데 송인섭에서는 뜬금없이 '용어의 정의'가 출현합니다. 그것도 내용을 살펴보면 '개념적 정의'가 아니고, '조작적 정의'가 출현합니다(264면). 이는 명백한 오류입니다. 이론적 배경에서는 당연히 용어에 대한 개념적 정의뿐만 아니라, 최근 연구 가설까지 자세히 검토해야 합니다. 이러한 선행 연구 검토를 바탕으로 연구자의 창의적 사고를 동원하여 가설을 설정하는 것입니다. 송인섭 등에서 '용어의 정의'를 이론적 배경 첫 부분에 둔 것은 제목만으로는 매우 가치가 있다고 봅니다. 이론적 배경은 주로 핵심 용어를 중간 제목으로 뽑고, 이 용어에 대한 자세한 검토가 선행연구 고찰이기 때문입니다. 잔소리 같지만 독립변수나 예언변수보다는 종속변수나 준거변수를 먼저 제시하는 것이 원칙입니다. 이론적 배경에서 조작적 정의를 통해 개념화한다는 말(266면)은 실수가 분명합니다. 척도에 대한 언급은 연구 방법에서 다룰 내용입니다. 어쨌거나 이론적 배경의 핵심은 선행 연구를 충분히 검토한 후, 가설을 설정하는 것입니다.

Ⅲ 연구방법에서는 연구대상, 측정, 분석 등을 제시합니다. 그런데 성태제 등에서는 여기서 뜬금없이 연구 가설이 제시되고 있습니다. 이는 명백한 오류입니다. 송인섭 등에서 보는 바와 같이 가설은 이론적 배경의 끝 부분에 있어야 합니다.

Ⅳ 결과에서는 원칙적으로 '가설의 지지 여부'를 제시합니다. 성태제 등에서 연구 대상의 특징을 제시하는 것은 오류입니다. 또한 측정 도구의 신뢰도와 타당도를 제시하는 것도 분명한 오류입니다. 측정 도구에 대한 설명이나 측정 도구의 신뢰도나 타당도는 연구 방법에 제시합니다.

Ⅴ 논의 및 결론에서는 연구자가 연구하면서 생각했던 모든 것을 다 말할 수 있습니다. 그런데 성태제 등은 결론 및 논의라고 하고 있습니다. 먼저 충분한 논의를 한 후, 결론을 내리고 결론을 내린 후, 전문가로서 후속 연구자들에게 제언을 할 수도 있습니다.

5. 인용문헌의 표현양식

연구한 내용을 다른 사람들과 교류하기 위해서는 논문으로 제시하여야 합니다. 아무리 좋은 연구를 했다 하더라도 다른 사람에게 전달하지 못하면, 연구한 보람이 없을 것입니다. 다른 사람들에게 효과적으로 잘 전달하기 위해서는 논문을 잘 써야 합니다. 좋은 연구를 했다고 하더라도 논문을 제대로 작성하지 못하면 연구 내용이 제대로 전달될 수 없을 것이며, 연구가 평가받지 못하는 것도 당연한 일입니다. 가장 먼저 신경 써야 할 부분이 '전의 책이나 논문에서 인용하는 문헌' 이 마구잡이로 표절해 온 것이 아니라 자신이 직접 보고 고민한 내용이라는 사실을 밝혀야 합니다. 다시 말해서, 인용문헌을 본문에서 정확히 제시하고 인용문헌의 자세한 내용인 참고문헌을 논문 끝에 제시하겠습니다.

다른 사람의 연구나 자신의 연구라 하더라도 전의 연구를 인용하는 경우에는 본문에서 반드시 인용 문헌의 출처를 밝히고, 마지막에 제시하는 참고문헌에 상세히 밝혀서 독자들이 출처를 확인할 수 있게 해야 합니다. 인용문헌을 제시하는 형식은 다음과 같습니다. 먼저, 바람직한 권장표현양식을 제시하고, 허용표현양식을 제시하고, 바람직하지 않은 금지표현양식을 제시하였습니다.

[권장표현] 이 쑤체 찡 등(李雪敎 等, 2008)은

[권장표현] 광대라고 할 수 있는 윤문식이 '~~필요조건~~은 되지만 필수조건은 아니다' 라고 했다면서 대한민국 논리학계과 수학계 전체가 광대 하나보다 못하다고 학문계의 '비판을 통한 수정가능성의 부재' 를 꼬집었다(조현춘 · 조현재, 2004).

[권장표현] 광대라고 할 수 있는 윤문식이 '~~필요조건~~은 되지만 필수조

건은 아니다' 라고 했다면서 대한민국 논리학계과 수학계 전체가 광대 하나보다 못하다고 학문계의 '비판을 통한 수정가능성의 부재' 를 꼬집었습니다(조현춘 등, 2004).

[권장표현] 광대라고 할 수 있는 윤문식이 '~~필요조건~~은 되지만 필수조건은 아니다' 라고 했다면서 대한민국 논리학계과 수학계 전체가 광대 하나보다 못하다고 학문계의 '비판을 통한 수정가능성의 부재' 를 꼬집었습니다(조현춘 · 조현재 · 문지혜, 2004).

[권장표현] 그러한 주장에 대해 반대 입장을 말하는 학자도 있습니다(李雪教 等, 2008).

[권장표현] 그러한 주장에 대해 반대 입장을 말하는 학자도 있습니다(李雪教 · 趙賢才, 2008).

[권장표현] 그러한 주장에 대해 반대 입장을 말하는 학자도 있습니다(李雪教 · 趙賢才 · 文智慧, 2008).

[권장표현] 라고 할 수 있습니다(조현춘 등, 2006-2).

[권장표현] 라고 할 수 있습니다(조현춘, 2004-2).

[권장표현] 심리학의 제4세력으로 동양심리학을 들고 있습니다(반두라 등, 2009).

[권장표현] 심리학의 제4세력으로 동양심리학을 들고 있습니다(반두라, 2009).

[권장표현] 이 쑤체 찡(李雪教, 2008)은

[권장표현] 이 쑤체 찡 · 조현재(李雪教 · 趙賢才, 2008)는

[권장표현] 이 쑤체 찡 · 조현재 · 문지혜(李雪教 · 趙賢才 · 文智慧, 2008)는

[권장표현] 이설교 등(李雪教 等, 2008)은

[권장표현] 이설교(李雪教, 2008)는

[권장표현] 이설교 · 조현재(李雪教 · 趙賢才, 2008)는

[권장표현] 이설교 · 조현재 · 문지혜(李雪教 · 趙賢才 · 文智慧, 2008)는

[권장표현] 조현춘 등(2007)은 '~~단일대상연구~~' 라는 용어의 비논리성을 극렬하게 비판하면서 '소수사례실험법' 으로 해야 함을 주장하였습니다.

[권장표현] 조현춘 등이 인삼을 연구하였다(2007-1)고 해서 녹용을 연구(2007-2)하지 않았다는 주장은 곤란합니다.

[권장표현] 조현춘(2007)은 '~~단일대상연구~~' 라는 용어의 비논리성을 극렬하게 비판하면서 '소수사례실험법' 으로 해야 함을 주장하였습니다.

[권장표현] 조현춘 · 조현재(2007)는 '~~단일대상연구~~' 라는 용어의 비논리성을 극렬하게 비판하면서 '소수사례실험법' 으로 해야 함을 주장하였습니다.

[권장표현] 조현춘 · 조현재 · 문지혜(2007)는 '단일대상연구' 라는 용어의 비논리성을 극렬하게 비판하면서 '소수사례실험법' 으로 해야 함을 주장하였습니다.

[권장표현] 조현춘은 인삼도 연구하였으나(2007-1) 녹용도 연구하였다(2007-2).

[번역서의 경우 권장표현] 조현춘 등(2010)이 Corey G. (2009)를 번역한 책을 인용할 경우 인용문헌에서는 '조현춘 등(2010)' 으로 제시하고 참고문헌에서도 '조현춘 등(2010)' 으로 제시하며 참고문헌 끝에 원저자를 밝힙니다.

[허용표현] 심리학의 제4세력으로 동양심리학을 들고 있습니다(Bandura et al., 2009).

[허용표현] 심리학의 제4세력으로 동양심리학을 들고 있습니다(Bandura, Skinner, & Kim, 2009).

[허용표현] 프로이트 등(Freud & Rogers, 1919)은 성본능보다 죽음본능을 더 근원적인 것으로 보았다.

[허용표현] 프로이트 등(Freud et al., 1919)은 성본능보다 죽음본능을 더 근원적인 것으로 보았다.

[허용표현] 프로이트 등(Freud, Rogers, & Skinner, 1919)은 성본능보다 죽음본능을 더 근원적인 것으로 보았다.

[허용표현] 성본능보다 죽음본능을 더 근원적인 것으로 보았다(Freud, 1919).

[허용표현] 프로이트(Freud, 1919)는 성본능보다 죽음본능을 더 근원적인 것으로 보았다.

[허용표현] 프로이트는 성본능도 연구하였으나(Freud, 1919-1) 죽음본능에 대해서도 연구하였다(Freud, 1919-2).

[본문에서의 로마자 허용표현] 한글 문화권에서의 논문본문은 반드시 한글로 해야 합니다. 그러나 (괄호)안의 경우에는 로마자를 그대로 쓰는 것이 허용됩니다.

[금지표현] '~~조현춘 외~~(2007)' 라고 하는 것은 어법상 부적절합니다.

[금지표현] '~~Freud, Rogers, & Skinner~~(2000)는' 이라고 하면 안 됩니다.

[금지표현] 이 때 '~~Freud & Rogers~~(1919)는 —' 혹은 '~~Freud와 Rogers~~(1919)라고 하면 안 됩니다.

[금지표현] 이 때 '~~Freud 등~~(1919)은 —' 이라고 하거나 '~~Freud et al.~~(1919)는 —' 라고 하면 안 됩니다.

[금지표현] 이 때 '~~Freud et al.~~(1919)는 —' 이라고 하면 안 됩니다.

[금지표현] 이 때 '~~Freud~~(1919)는 —' 이라고 하면 안 됩니다.

[금지의 이유] '조현춘 외 4명'은 성립되지만, '~~조현춘 외~~'라는 말은 성립되지 않습니다. 아마도 '조현춘 등(2007)'의 오류로 보입니다. 본문에 로마자를 쓰는 것은 '한글 모독죄'에 속합니다. 과거 일제강점기 시절 일본제국주의가 우리말과 글을 사용하지 못하게 할 때조차도 한글을 지키려는 노력이 많이 있었습니다.

국내문헌의 경우에는 비교적 간단합니다. 본문 자체에서는 연구자나 저자 이름(성명)을 쓰고 곧바로 이어서 (괄호)안에 연도를 씁니다. 같은 연구자의 같은 연도 연구를 인용할 때에는 (-1, -2)를 넣습니다. 중국어로 되어 있거나 일본어로 된 경우에는 우리가 쓰는 한자어를 같이 사용하므로 한자어 음을 사용해도 되고, 고유명사의 원음을 살려서 사용해도 됩니다. 서양문헌의 경우에도 한글 문화권인 대한민국에서의 논문이므로 본문 자체에는 한글을 써야 하며, 연구자의 성(성명에서 명을 제외한 성)만 씁니다. 성명 전체는 참고문헌에 제시합니다. 네 명 이상의 연구자가 함께 한 연구의 경우에는 첫 인용시 첫 연구자를 적고 그 뒤에 '등'이라고 쓰고 그 다음에 연도를 적습니다. '외'라고 적지 않도록 주의해야 합니다. 기관의 연구를 인용할 경우에는 "경북대학교는 세계화에 매진하고 있다고 하였다(2009)", "   하였다(경북대학교, 2008)", "미국국립정신건강원(National Institute of Mental Health: NIMH, 1981) —. 미국국립정신건강원(1998)에서는 —. " 등으로 씁니다. 같은 (괄호) 속에 연구가 두 개 이상 표기될 때는 먼저 국내 출판물의 저자 이름을 가나다 순으로 정리하고, 중국 · 일본 등 한자이름을 가나다 순으로 정리하고, 마지막으로 영미 출판물의 저자 성을 알파벳 순으로 정리합니다. 더불어 연구와 연구 사이에는 세미콜론을 찍습니다. 책의 일부분을 인용할 때에는 인용한 부분의 면을 적습니다. 연도 다음에 쌍방점(:)으로 구분하기도 하지만, 쉼표(,)로 구분하는 것이 논리적으로 타당할 것 같습니다. 해당 면을 밝힙니다. 몇 면에 걸쳐 있는 경우에는 하이픈(-)으로 연결합니다(예. 안정현 · 조현아 · 조현춘, 2010, 396-397면).

6. 참고문헌의 표현양식

본문에서 인용한 논문이나 책은 반드시 참고문헌에 정리해야 하며, 본문에 인용한 자료만을 참고문헌 목록에 작성해야 합니다. 먼저 우리나라 문헌을 제시하고, 다음으로 동양권의 참고문헌을 제시하며, 마지막으로 서양 문헌을 제시합니다.

우리나라 문헌의 경우에는 성명을 적고 (괄호)안에 출판년도를 적고 마침표를 하고, 논문제목을 적고 책이름을 적고 마침표를 한 다음에, 출판사항을 적습니다. 동양문헌의 경우에도 우리나라의 문헌제시방법과 거의 같습니다. 서양문헌의 경우에는 연구자의 성을 적고 명(성명 중에서 성이 아닌 이름부분)의 약어를 적고 쉼표를 한 후 (괄호)안에 출판년도를 적고 마침표를 하고, 논문제목을 적고 책이름을 적고 마침표를 한 다음에, 출판사항을 적습니다. 논문집이나 책의 이름은 우리나라 문헌이나 한자어 문헌은 **진하게** 쓰고 서양문헌은 *이탤릭체*로 씁니다. 필자들의 연결은 우리나라 문헌이나 한자어 문헌의 경우에는 (·)으로 하고, 서양문헌의 경우에는 (,)로 합니다.

조현춘 · 조현재 · 문지혜 · 이근배 · 홍영근 공역 (2010). **심리상담과 치료의 이론과 실제(8판)**. 서울: 시그마프레스 [원저는 Corey G. (2009)].

조현춘 · 조현재 · 문지혜 · 이근배 공역 (2005). **실험심리학**. 서울: 아카데미프레스. [원저는 Solso R. L. & MacLin M. K. (2002)].

조현춘 · 이근배 공역 (2005). **심리상담과 치료의 기본 기술**. 서울: 아카데미프레스 [원저는 Brems C. (2001)].

문지혜 (2009). **암묵적 자존감에 대한 정서적 글쓰기의 효과**. 경북대학교 대학원 박사학위논문.

이근배 (2008). **분노기분에서의 반추사고와 반추초점의 효과**. 경북대학교 대학원 박사학위논문.

조현재 (2003). **대인불안에 대한 인지-행동 집단 상담: 기법의 적용방식이 상담의 효과와 과정에 미치는 영향**. 경북대학교 대학원 박사학위논문.

홍영근 (2009). **심상이 사회불안 성향 대학생의 해석편향에 미치는 영향**. 경북대학교 대학원 박사학위논문.

Brems C. (2001). *Basic skills in psychotherapy and counseling*. Belmont, CA: Thomson Brooks/Cole.

Corey G. (2009). *Theory and practice of counseling and psychotherapy(8th)*. Belmont, CA: Thomson Brooks/Cole.

Atkinson, R. L., Atkinson, R. C., Smith, E. E., Bem, D. J., & Nolenhoeksema, S. (2000). *Hilgard' s introduction to psychology(13th)*. Orlando, FL: Harcourt Brace.

부록

외국어 초록

외국어 초록은 연구 논문 전체를 외국어로 요약해 놓은 것으로 학문의 국제적인 교류를 위해서 필요한 부분입니다. 초록에는 연구목적, 연구방법, 연구결과 요약, 연구 의의를 간단명료하게 씁니다.

[외국어 초록 제목] Effects of Happiness Training on Self-Esteem and Psychological Well−Being

[이름] Liu Can

[소속] Department of Psychology

The graduate school of Kyungpook National University

[지도교수] (supervised by Professor Hyun-Chun, CHO)

[외국어 초록 본문]

[외국어 초록 제목] 幸福訓練集體 對自尊心和心理幸福感的影響

[이름] 리우찬

[소속] 慶北大學研究生學院

韓國大邱

[지도교수] (指導教授 趙顯春)

[외국어 초록 본문]

제4장

논문의 내용

Ⅰ. 서론

1. 서론에 들어갈 내용

연구를 할 때에 가장 먼저 해야 할 일은 연구문제를 결정하는 것입니다. 당신이 관심 있어 하는 모든 의문이 연구문제가 될 수 있습니다. 일상생활 중에 '키 큰 사람이 싱거울 것인가?' 라는 의문이 생겼다면 이것도 훌륭한 연구문제가 됩니다. '짱구머리는 공부를 잘 할 것인가?' 라는 의문이 생겼다면 이것도 훌륭한 연구문제가 됩니다. '노래를 들으면서 공부를 하면 공부가 더 잘 될 것인가?' 라는 의문이 생겼다면, 이것도 역시 좋은 연구문제가 됩니다. 연구문제에는 어떤 제약도 없습니다. 일상생활 중에 관심이 가는 문제를 연구문제로 할 수도 있고, 특정 문제의 전문가들과의 대화중에 연구문제를 발견할 수도 있고, 책이나 논문을 보다가 우연히 관심이 가는 문제를 발견할 수도 있습니다.

일단 연구문제가 결정되면, 정말 이 연구문제가 연구할 가치가 있는지를 확인해 보아야 합니다. 이 문제를 해결하는 것이 의미가 있는 일인지에 대한 검토가 있어야 합니다. 학문적 과학적 필요성이나 실생활에서의 의의를 찾아야 합니다. 아무리 관심이 가는 문제라 하더라도 그 문제에 대한 답이 학문적 과학적으로 혹은 실생활에서 아무런 의의가 없다면 연구할 필요가 없을 것입니다.

바로 앞 절에서 말한 '연구문제에는 어떤 제약도 없습니다' 라는 말이 거짓말이었다는 사실을 여러분은 알게 되었을 것입니다. 의의가 없는 연구문제는 연구할 가치가 없다는 말입니다. 그래서 연구문제를 결정할 때에는 이전의 연구, 그것도 최근의 연구들에서 찾는 것이 좋습니다. 최근에 연구가 이루어졌다는 사실은 그 자체로서 연구의의는 보장되는 경우가 대부분일 것입니다.

서론에서는 연구의 목적과 연구의 내용을 제시합니다. 구체적으로 연구의 요점, 연구의 필요성, 연구문제 등이 서술되어야 합니다. 즉, 연구가 이루어지게 된 동기, 왜 그런 대상을 사용하고 있는지에 대한 설명이 있어야 합니다. 그리고 이 연구가 왜 필요하고 어떤 의의를 지니고 있는지 등의 연구의 필요성에 대해서도 언급합니다. 그리고 연구문제를 제시할 때는 명확하게 표현해야 하며 연구의 필요성과 연구문제가 논리적으로 연결되어야 합니다. 서론에서는 심도 있는 선행연구 고찰보다는 가벼운 마음으로 5개 이하의 선행연구를 통해서 문제를 제기하거나 연구목적을 제시하는 것이 좋을 것입니다. '문제를 제기하고 연구목적을 제시하는 것이 좋을 것입니다' 라고 하지 않고, '문제를 제기하거나 연구목적을 제시하는 것이 좋을 것입니다' 라고 하는 것은 저희 필자들이 연구문제와 연구목적을 명확히 구분하지 못하고 있으며, 실제 연구에서 명확히 구분하여 제시된 경우가 별로 없기 때문입니다.

연구문제와 연구의의가 결정되면 중요 개념에 대한 용어를 제시할 수도 있습니다. 그러나 중요 용어에 대한 개념적 정의 혹은 자세한 내용은 이론적 배경에 씁니다. 또 조작적 정의는 연구방법 부분에 제시하는 것이 원칙입니다. 일부 학자들은 서론에 용어 정의를 쓰는 경우가 있는데, 이는 명백한 오류입니다.

2. 인용문헌의 출처들

기관명(웹사이트)	특징
한국교육학술정보원 (KERIS) (http://riss4u.net)	• 국내 학회 및 대학부설연구소 발행 학술지에 수록된 논문 및 일부 해외학술지에 수록된 논문 • 국내 대학 석 · 박사 학위논문 및 내국인의 해외 취득 박사 학위논문 • 국내 대학/전문도서관이 소장하고 있는 단행본 및 비도서 자료 • 국내 학술지와 해외 학술지 검색 및 권호별 소장정보 확인
국가전자도서관 (http://www.dlibrary.go.kr)	• 국내외 도서관, 유관기관, 국제기구들의 웹사이트 링크
국회도서관 (http://www.nanet.go.kr)	• 석 · 박사학위, 국내학술잡지, 세미나자료, 정기간행물 • 단행본, 국내 정부간행물, 신문검색 목록과 외국학술지 색인 제공
누리미디어 DBPIA (http://www.dbpia.co.kr)	• 인문/사회/어문/경제, 경영/교육/신학/법학, 행정/의학/예, 체능/공학/자연과학학회, 협회 및 출판사에서 발행하는 정기간행물
한국한술정보(주) (http://kiss.kstudy.com)	• 국내학술지, 대학간행물, 연구논문집 제공
학지사 학술논문원문서비스 (http://www.newnonmun.com)	• 어문학, 인문과학분야, 사회과학분야, 교육 분야, 기타분야의 국내 학위, 학술논문 • 국내외 기관과 학교 도서관 홈페이지 검색 사이트 링크
University Microfilm International (http://www.umi.com)	• 미국과 캐나다의 석 · 박사 학위논문의 등록 및 제공
Institute of Education Sciences E*Subscribe (http://eric.ed.gov/)	• 1993년 이후의 자료 무료 제공 • 1993년 이전 자료는 비용 지불 후 제공
EBSCOhost Electronic Journals Service (http://ejournals.ebsco.com)	• 전자저널 컨소시엄 저널
DIALOG (http://dialog.krinfo.com)	• 전 세계의 도서관, 학회, 데이터베이스 등을 연결
Library Congress (http://leweb.iec.gov)	• 미국 국회도서관

(계속)

기관명(웹사이트)	특징
사회과학 인용색인(SSCI) (http://www.ssci-inc.com)	• 사회과학 인용색인에는 주제 색인, 연구자 색인, 단체 색인, 인용 색인 등 네 개의 색인이 있음. 주제 색인은 논문 제목의 중요 단어로 조직화한 목록. 연구자 색인에는 연구자명, 논문 제목, 논문이 게재된 학술지명, 학술지의 권(호)와 쪽 번호, 논문이 게재된 연도, 참고문헌 수, 연구자의 주소, 논문에 인용된 자료 목록.
PsycLIT	• PsycLIT는 APA에서 컴팩트 디스크로 제공하는 데이터베이스 인터넷을 통해 이용할 수 있음. 약 50개국의 문헌이 있고 1974년 이후로 출간된 학술지 논문의 인용과 요약, 1987년 이후로 출간된 책이나 책의 장이 포함되어 있음.
PsycINFO (http://psycinfo.apa.org)	• Silver Platter회사가 제공하는 것으로 대학교의 온라인 시스템을 통해 이용할 수 있음. PsycLIT의 포맷과 비슷.
InfoTrac	• Information Access 회사가 만든 것. 1980년부터 현재까지의 모든 주제 영역의 학술지를 색인.
FirstSearch	• 많은 영역의 도서목록, 초록, 전체 정보. 심리학 학술지의 초록 색인을 제공하고 APA에서 관리.

3. 용어 선정

용어에 대한 일반적 이야기를 벗어나서 구체적으로 이 책의 내용과 관련된 용어에 대해서 말씀드리겠습니다. 연구라는 말도 과학자의 연구와 일반인의 연구는 다릅니다. 실험이라는 말도 과학자의 실험과 일반인의 실험이 다릅니다. 연구법이라는 말조차도 다릅니다. 연구방법이라는 말조차도 혼란스럽습니다. 이런 상황에서는 어떤 말도 다 혼란을 야기할 수 있습니다. 먼저 이 책의 내용과 직접적으로 관련이 있는 '용어-개념적 정의-조작적 정의' 에 대해 말씀드리겠습니다. 개념에 대한 용어 선정은 서론에서 하는 경우가 많고, 용어에 대한 개념적 정의를 자세히 서술하는 것은 이론적 배경에서 하는 경우가 많고, 용어에 대한 조작적 정의는 연구방법에서 하는 경우가 많습니다.

우선 개념적 정의에 대해서 말씀드리겠습니다. '산 사람' 이 무엇인가?

라는 문제를 받았다고 합시다. 어떤 사람이 '죽지 않고 살아있는 사람' 이라고 하면 장난을 좋아하는 사람은 당연히 '아니! 산에서 사는 사람' 이라 할 것입니다. 반대의 경우도 있을 수 있습니다. '산에서 사는 사람' 이라고 답하면, '아니! 죽지 않고 살아있는 사람' 이라고 하겠지요? 이렇게 개념적으로 혼란이 일어나는 경우를 일부 논리학자들은 이상한 용어(애매)를 사용하여 말합니다. 왜 일부 논리학자들이 '사용하는 용어' 라고 말하지 않고 '사용하는 이상한 용어' 라고 하는가 하면, '이 이상한 용어' 를 사용하면 여러분은 이상한 나라로 가서 앞으로 계속 혼란을 겪어야 하기 때문입니다. 그래서 '이 이상한 용어' 대신 '개념적 애매모호' 라고 합니다. 이왕 말이 나온 김에 조작적 정의에 대해서도 말씀을 드리겠습니다. 해발 몇 미터부터가 산이고 몇 미터까지가 언덕인가? 하는 문제에 오면 우리는 또 혼란을 느낍니다. 개념적 정의에서는 동의했다 하더라도, 구체적 장면에서는 의견이 다를 수 있습니다. '이런 애매모호' 를 우리는 '조작적 애매모호' 라고 합니다. 그런데 '이런 애매모호' 에 대해서도 일부 논리학자들은 이상한 용어(모호)를 사용합니다. 우리 사회에서는 애매모호를 같이 사용하는데 일부 논리학자들이 일본어를 그대로 가지고 와서 하나는 애매라고 하고, 하나는 모호라고 합니다. 어느 것이 어느 것인지 아는 대학생은 별로 없었습니다. 그래서 용어를 다시 제시하는 것입니다. 이 경우처럼 '개념은 결정되어 있지만 용어가 혼란스러울 때' 에 용어를 결정 혹은 선정하는 논의는 서론에서 합니다.

다변량티검증(multivariate t-test)에 대해서는 달리 쓰이는 용어를 발견하지 못했습니다. 여기서 다변량이란 종속변수의 종류가 둘 이상이라는 말입니다.

다변량분석(multivariate analysis)에 대해서도 달리 쓰이는 용어를 발견하지 못했습니다. 마찬가지로 여기서도 다변량이란 종속변수의 종류가 둘 이상이라는 말입니다. 티검증이 단지 두 집단 간의 비교라면 분석이라는 말은 두 집단 간의 비교를 포함해서 여러 집단 혹은 다양한 분석을 말합니다.

다변량분산분석(MANOVA; multivariate analysis of variance)에 대해서는 통계학자, 심리학자, 교육학자들 거의 전부가 다변량분산분석이라고 하는데, 한두 사람만 ~~다변변량분석, 중다변량분석~~이라는 말을 하였습니다. 따라서 **다변량분산분석**이라는 용어에 대해서는 별 이의 없이 결정해도 될 것 같습니다. 그렇다면

분산분석(ANOVA; analysis of variance)을 과거에는 분산분석이라고 하기도 하고, ~~변량분석~~이라고 하였습니다. 과거에는 종속변수를 여러 종류로 하는 분석이 없었기 때문에 두 용어가 같이 사용될 수 있었습니다. 그런데 통계분석기술이 향상되어 종속변수를 여럿으로 하는 통계분석기술이 출현하면서 종속변수의 종류에 따라 단변량분석, 다변량분석이라는 용어가 거의 확정되었습니다. 이런 과정에서 '과거의 이 개념' 에 대해서는 ~~변량분석~~이라는 용어는 퇴출되고, 분산분석이라는 용어가 사용될 수 밖에 없는 상황이 되었습니다. 이제는 '과거의 이 개념' 에 대해 ~~변량분석~~이라는 용어를 사용하는 것은 명백한 오류입니다.

공분산분석(ANCOVA; analysis of covariance)을 ~~공변량분석~~이라고 하는 것도 과거에는 사용하는 것이 허용될 수 있었습니다. 그러나 현재로서는 허용될 수 없는 '명백한 오류' 입니다. 또한

다변량공분산분석(MANCOVA; multivariate analysis of covariance)에 대해서도 다른 이름이 있을 수가 없습니다. 과거의 변량분석이라는 용어에 집착하여 다변공변량분석 등의 용어를 사용하는 것은 지나치게

고착된 생각이라고 봅니다.

변수는 극히 일부의 심리학자, 교육학자, 특수교육학자들을 제외한 세상 모든 사람들이 **변수**라고 합니다. 그런데 극히 일부의 심리학자, 교육학자, 특수교육학자들은 ~~변인~~이라고 합니다. 따라서 상담심리학자들도 세상과의 교류를 위해 **변수**라는 용어를 사용해야 합니다. 또한 연구설계에서 가장 중요시하는 분류가 상관관계와 인과관계의 구분에 따른 비실험설계와 실험설계입니다. ~~변인~~이라는 용어를 사용하면 인과관계에서의 '인' 과 충돌하는 느낌을 받습니다. 어느 토론장에서 '~~독립변인과 종속변과~~' 로 하자는 말까지 나왔습니다. 그러므로 **독립변수**를 ~~독립변인~~이라고 하거나, **종속변수**를 ~~종속변인~~이라고 하거나, **공변수**를 ~~공변인~~이라고 하는 것은 고집이라고밖에 볼 수 없습니다. 또한 **중앙값**을 ~~중위수~~ 혹은 ~~중앙치~~라고 하는 것도 곤란합니다.

필수조건을 ~~필요조건~~이라고 하는 것은 학문을 항문으로 만든다고 할 정도로 심각한 문제입니다. 여기에 대해서는 앞에서 자세히 논하였습니다.

II. 이론적 배경

일단 연구할 가치가 있는 연구문제가 결정되면, 이 연구문제 혹은 유사한 연구문제에 대한 이전 연구들을 전부 읽어야 합니다. 물론 전부를 읽는 것은 불가능하고 전부를 찾는 것조차도 불가능합니다. 그러나 '원칙적으로' 전부를 찾아서, 모두 자세히 읽어야 합니다. 전부를 읽지 않은 데 대한 책임은 연구자가 져야 합니다. 그래서 할 수 있는 한 전부를 찾아서 모두 읽는 것이 좋습니다. 도서관에 비치된 학술지, 책, 색인은 연구정보의 보고라 할 수 있습니다. 책은 선택한 주제에 관한 개관을 찾는 데 훌륭한 원천입니다. 아동의 엄지손가락 빨기에 관심이 있다면, 발달심리학 책이나 아동 이상심리학 책을 참고하면 됩니다. 이 영역에서의 실험에 관심이 있다면, 최근 실험 문헌을 참고해야 할 것입니다. 또한 색인으로 정보를 찾을 수도 있습니다.

모든 연구는 원칙적으로 선행연구를 바탕으로 이루어집니다. 연구문제 혹은 연구주제가 결정되면 본격적으로 선행연구를 검토하게 됩니다. 자신이 하려는 연구문제와 관련하여 전의 연구를 원칙적으로 전부 검토하여야 합니다. 선행연구가 어디까지 왔으며, 선행연구와 지금 시작하려는 논문을 논리적으로 연결시켜 주는 연결고리가 있어야 하며 왜 새로운 연구가 필요한지에 대한 답도 제시되어야 합니다.

이론적 배경은 핵심 용어에 대한 개념적 정의로 시작하며 핵심용어에 대한 선행연구의 고찰을 하고 마지막에는 가설형성을 하는 것으로 마무리되는 것이 원칙입니다. 원칙적이라는 말은 앞으로 보겠지만, 가설이 없는 연구도 가능하기 때문입니다. 그러나 이 경우에도 선행연구를 충분히 검토하였음에도 불구하고 가설설정을 할 수 없을 때 탐색적 연구를 할 수밖에 없을 것이며, 이때에는 가설이 없을 수도 있습니다. 그러나 함부로 가설 없는 연구를 하려는 생각은 하지 않아야 합니다. 가설 없는 연구야말로 참으로 어려운 것입니다.

송인섭 등에서는 이론적 배경에서 '~~사회과학에서 사용되는 개념은 눈에 보이지 않은 것이 대부분이므로 조작적 정의를 통해 개념화해야 한다~~'고 하였으나 이는 틀린 말입니다. 조작적 정의를 통해서 개념화하는 것이 아닙니다. 개념적 정의를 하는 것입니다. 여기서 개념적 정의와 조작적 정의를 명쾌하게 구분해야 할 필요를 느낍니다. 개념적 정의는 자신의 연구에서 사용할 핵심용어에 대해서 용어 사전에서 사용할 정도의 개념을 제시하는 것입니다. 반면에 조작적 정의는 개념적 정의를 어떻게 수치화했는가 하는 내용을 제시하는 것입니다. 따라서 개념적 정의를 어떻게 측정하였는가의 문제가 조작적 정의입니다. 조작적 정의는 측정도구와 관련되어 있으므로 연구방법에서 제시합니다.

연구에 따라서는 가설을 필요로 하지 않을 수도 있겠으나, 대개의 연구에서는 가설을 설정하게 됩니다. 가설이란 연구자가 내린 잠정적 결과를 말합니다. 일반적으로 가설은 선행연구의 결과들을 비교검토한 후에 내린 '나의 잠정적 연구결과' 입니다. 가설의 가장 중요한 요건은 검증가능해야 한다는 것입니다.

1. 대립가설, 영가설, 영범위가설

연구의 가장 간단한 형태는 피험자(두 집단) 간 실험설계일 것입니다. 그런데, 가장 간단한 형태의 연구에서조차도 해석이 제대로 되지 않아 다음과 같이 영가설과 영범위가설에 대한 설명을 제시합니다.

1) 조현춘 등 공역(**실험심리학**, 2005, 14면): '차이가 없습니다가 아니다'.

2) '연구법 최고권위자 중의 한 사람인 케펠' 의 설명을 번역 · 제시합니다(Keppel, 1991, 89-90).

*"**연구자들은 분산분석이 유의하지 않을 경우에 '독립변수가 종속변수에 체계적 영향을 미치지 않았다' 는 결론을 내리고 싶어 합니다.** 더 정확하게 말하면, '모집단에서 처치의 효과가 없다' 거나 '실제로 영가설이 『진』임이 증명되었다' 는 결론을 내리고 싶어 합니다. 이런 상황에서 정확히 어떤 결론을 내릴 수 있겠습니까? 영가설을 기각하지 못한다는 것[1]은 실험에서 관*

1) 수 논리에서 보면 이 표현이 정확하나, 통상적으로 '연구가설을 지지하지 못하는 것', 혹은 '연구가설을 기각한 것' 이라고 하며 심지어 '영가설이 지지된 것' 이라는 말까지도 사용되고 있어 혼란이 야기되고 있습니다. 영가설을 수 논리로 설명하는 것은 어렵고, 간단하게 영가설이란 '연구를 무효화하는 가설' 이라고 해 둡시다. 설계언어와 통계언어는 다릅니다.

*찰한 차이가 너무 작아 '**모집단 처치 평균에서 차이가 있다는 결론을 내릴 수 없음**' 을 뜻합니다. 다시 말해서, **처치 차이가 없다는 결론을 내릴 수는 없습니다.** 그러나 '차이가 있을지도 모르지만, 실험이 이 차이를 탐지할 수 있을 정도로 민감하지 않다' 고 할 수는 있습니다. **처치 효과가 정말로 없는지를 결정할 수 있는 방법은, 정확히 말하면,『없습니다』**. 모집단 처치 평균이 동일하다는 것을 증명할 수 있는 방법을 우리는 가지고 있지 않습니다. 그러나 실용적 차원에서 "사소한", "중요하지 않은", "무시할 만한"이라 볼 수 있는 값(이 수치를 통해 처치 효과가 함수적으로 전혀 없다고 주장하려고 하는)을 정할 수는 있을 것입니다. 일부 방법론 연구자들은 이 수치범위를 영범위(null range)라 합니다. 영 범위를 벗어나는 효과를 알아보기 위해, '검증력' 있는 실험을 실시한다고 가정해 봅시다. 1종 오류와 2종 오류 둘 다의 위험성이 낮고 **영가설을 기각하지 못했을 때**, 논리적으로 처치 효과가 "사소하다(함수적으로 존재하지 않습니다)고 할 수 있다"라는 결론을 내릴 수 있을 것입니다. (중략) 일반 연구 가설 검증의 경우에는 "최소 처치 효과"가 관심사에서의 '가장 작은 차이' 이지만, 영(범위) 연구 가설 검증[2]의 경우에는 "최소 처치 효과"가 우리가 함수적으로 영과 동일하다고 생각할 수 있는 '가장 큰 차이' 를 말합니다. 심리학에서는 영(범위) 연구 가설을 입증하기 위해 설계된 실험들은 거의 없습니다. 더욱이, 이런 실험들 중 많은 것들이 납득할 만한 수준의 검증력을 확보하는 데 실패했습니다. 영(범위) 연구 가설을 "입증하기" 위해서는 영가설을 기각하는 데 실패했다는 것만으로는 안되며, 검증력이 아주 높아야 합니다. 대부분의 연구자들은 이런 종류의 실험에 필요한 자원을 투여하려 하지 않습니다. (중략) $\alpha=.05$, $\beta=.05$... 이 최*

2) 원 저자는 '영가설검증' 이라고 했으나 혼란을 막기 위해 연구자가 '영범위연구가설' 로 바꾸었습니다.

소 차이 효과를 탐지하는 데 요구되는 검증력을 얻으려면 대략 644명의 피험자로 된 표본이 필요합니다. 이제 여러분은 영(범위) 연구 가설을 "입증하려"는 연구자가 거의 없는 이유를 이해할 수 있을 것입니다. 우리가 검증력을 .90이나 .80으로 느슨하게 잡더라도 많은 피험자들이 필요합니다(각각, 519명, 384명).

3) 김민식 등 공역(**심리학 실험법**, 2008, 374면): '무의미한' 이란 용어보다 '통계적으로 유의하지 않은' 이라는 용어를 사용하십시오.

4) 구평회(2005, **구평회 교육학**, 774면): 영가설을 어디까지나 차의 검증을 위하여 하나의 방편으로 세우는 것이므로, 문장화하지 않고 연구자의 마음속에 간직하여 둡니다.

2. 연구가설 도출

선행연구를 충분히 검토해야 하는 것은 연구문제에 대한 잠정적인 답(가설)을 도출하기 위해서입니다. 여기서 주의할 일은 선행연구 각각을 요약하는 것이 아니라는 사실입니다. 논리적인 연결 과정을 통해서 가설을 설정해야 합니다.

서론에서의 선행연구 고찰은 연구문제를 도출하기 위한 것이었으나, 이론적 배경에서의 고찰은 연구가설을 도출하기 위한 것입니다. 이론적 배경에서는 '제시된 연구가설이 도출된 근거를 밝히는 부분' 과 '연구가설을 제시하는 부분' 으로 나누어 제시해야 합니다. 연구자는 주어진 연구문제와 관련된 이전연구나 이론들을 모두 고찰하고 논리적으로 조직하여 연구가설이 귀납적으로 도출되도록 유도해야 합니다.

동일한 선행연구를 서론과 이론적 배경에서 반복적으로 언급하는 경우도 있지만 내용은 다릅니다. 즉, 서론에서는 주어진 연구논문으로부터 연구문제의 도출에 필요한 정보만 사용하며 이론적 배경에서는 연구가설을 도출하기 위해 필요한 정보만을 사용합니다. 예컨대, 동일한 선행연구라도 서론에서는 논의가 사용되고 이론적 배경에서는 연구방법이나 연구문제의 도출 배경 등이 사용될 수 있습니다. 따라서 서론은 이론적 배경의 단순한 요약이 아니며 목적과 내용에 있어서 서로 분명히 구분됩니다.

이론적 배경에서는 먼저 연구가설과 관련하여 고찰된 이론이나 선행연구의 정보들을 논리적으로 조직하여 제시합니다. 즉, 고찰된 내용을 '가설을 추론해낼 수 있도록' 논리적으로 조직해야 합니다. 가설의 도출 배경을 논리적으로 진술하고 나서, 연구가설(들)을 명확히 진술해야 합니다. 그리고 한 연구에서 여러 개의 가설을 제시할 경우 각각의 가설을 개별적으로 진술하는 것이 좋습니다(학위논문의 체제 및 작성방법, 문수백, 34-37면).

3. 가설의 필요성

연구자들은 연구를 수행하기 전에 가설을 세워야 합니다. 만일 그들이 무엇을 찾아야 될지 알려주는 가설 없이 연구를 시작한다면, 어떤 것도 발견할 수 없을 것입니다. 가설은 연구문제에 대한 잠정적 결과입니다. 중학생들이 알아들을 수 있는 쉬운 말로 하면 되고, 당연히 쉬운 말로 해야 합니다. "인삼을 먹으면, 건강이 좋아질 것이다"는 매우 좋은 가설입니다. "인삼은 '쥐가 물에 빠졌을 때부터 죽을 때까지의 시간'을 늘릴 것이다"는 매우 좋은 가설입니다. 가설은 잠정적 결과입니다. 중학생들이 알아들을 수 있는 쉬운 말로 하면 되고, 당연히 쉬운 말로 해야 합니다. 연구가설을 확인하는 과정이 다음에 제시하는 연구방법입니다. 연구가설을 연구방법에 제시하는 것은 명백한 오류입니다.

4. 가설의 유형과 연구가설 형성시 주의할 점

가설을 세우는 것은 아주 중요하기 때문에, 이 장의 뒷부분에서는 유효한 연구가설을 만드는 방법을 고찰하고자 합니다.

다음 두 가설을 검증한다고 합시다. 용어혼란을 막기 위해, 검증하려는 가설을 연구가설이라고 하고, 연구 가설과 대치되는 가설을 영가설이라고 합니다. 여기서 영가설과 영범위연구가설을 구분해서 봐야 합니다.

연구가설1: 물을 먹으면 배가 튀어 나올 것이다(일반적 연구가설).

연구가설2: 물을 먹으면 배가 튀어나오지 않을 것이다(영범위연구가설).

연구가설1이 지지되면, '물을 먹으면, 배가 튀어 나온다고 할 수 있다' 가 됩니다.

연구가설2가 지지되면, '물을 먹으면, 배가 튀어 나오지 않다고 할 수 있다' 가 됩니다.

연구가설1이 기각되면, 통계해석 결과를 제시할 수 없습니다.

연구가설2가 기각되면, 통계해석 결과를 제시할 수 없습니다.

연구가설1이 기각되었을 때, '~~물을 먹으면 배가 튀어 나오지 않다고 할 수 있다~~' 고 하면 틀립니다.

연구가설2가 기각되었을 때, '~~물을 먹으면 배가 튀어 나온다고 할 수 있다~~' 고 하면 틀립니다.

가설 2를 검증하기 위해서는 최소 수백 명의 자료가 있어야 합니다. 따라서 수십 명의 자료로는 가설 2를 검증할 수 없습니다. 그래서 어떤 학자들은 아예 '영가설은 언제나 거짓이다' (한국심리학회편, 1998, 249면)라고 하기도 하고, '연구가설은 영가설의 형태로 진술되어서는 안 됩니다' (동 131면)고 하기도 합니다. 이 점 유의하시기 바랍니다. 영어의 no difference 혹은 no statistically significant difference의 번역을 해 보겠습니다.

no difference는 '차이가 없다' 도 되고, '차이가 있다고 말할 수 없다' 도 됩니다. 일반적으로 연구가설을 대립가설이라고 하는 이유는 대부분의 연구가설이 대립가설이기 때문이며, 모든 가설이 대립가설인 것은 아닙니다.

5. 공식가설과 작업가설

공식가설은 우리가 잘 알고 있는 바와 같이 자료수집을 통해서 확인하는 가설입니다. 그러나 작업가설은 확인하는 가설이 아닙니다. 제가 설명력이 부족하여 다음 문장으로 대신합니다.

If early hormone exposure affects the development of sex-typed behavior in human beings as it does in other species, then CAH girls should show similar to that of normal boys.

이에 따른 공식 가설은 CAH girls will show similar to that of normal boys than normal girls가 되어야 합니다.

6. 상호작용에 관한 가설

상식수준의 가설(인삼과 녹용은 혈압에 영향을 미칠 것이다)을 연구가설로 만들고 해석해 보겠습니다.

가설1: 인삼과 녹용은 혈압에 영향을 미칠 것이다.

가설1-1: 인삼은 혈압을 높일 것이다.

가설1-2: 녹용은 혈압을 높일 것이다.

가설1-3: 인삼과 녹용은 상호작용적으로 혈압에 영향을 미칠 것이다.

가설 1-3은 관심의 초점에 따라서 가설 1-3-1(인삼은 녹용섭취 여부에 따라서 혈압에 다른 영향을 미칠 것이다)과 가설 1-3-2(녹용은 인삼섭취 여부에 따라 혈압에 다른 영향을 미칠 것이다)로 구분할 수도 있고, 구분하지 않을 수도 있습니다.

가설1은 세 개의 소가설로 구분되어 있는 '대가설' 이므로 검증하지 않습니다.

가설1-1과 가설 1-2의 검증 방법은 앞에서 언급하였습니다.

가설 1-3이 지지되면 "인삼과 녹용은 상호작용적으로 혈압에 영향을 미친다고 할 수 있다"가 되며, 가설 1-3이 기각되면 "인삼과 녹용은 상호작용적으로 혈압에 영향을 미친다고 할 수 없다"가 됩니다. 여기서 가장 주의해야 할 것은 '상호작용효과가 유의하면(가설1-3이 지지되면), 원칙적으로 주 효과의 결과는 무효화된다는 사실' 입니다. 상호작용효과가 유의하면, 반드시 단순효과를 검증하여야 하며, 단순효과검증과 상관없이 반드시 상호작용효과 자체에 대한 해석도 있어야 합니다.

Ⅲ. 연구방법

가설 도출 후, 가설을 검증하는 절차를 연구방법이라 합니다. 누구에게, 어떠한 측정도구로 어떠한 설계를 하였고 자료수집은 어떻게 하였는지 등의 문제를 포함하는 이 부분은 비교적 자세하게 연구의 진행과정을 소개할 필요가 있습니다. 이러한 과정은 독자로 하여금 연구방법의 적절성과 연구결과의 신뢰성, 타당성을 평가할 수 있게 하기 때문입니다.

구체적으로 연구방법은 연구대상, 측정도구, 연구절차, 그리고 분석방법으로 이루어집니다. 이런 연구방법을 기술할 때는 추가적인 정보 없이도 반복 연구가 가능하도록 방법을 잘 기술해야 합니다. 연구대상의 부분에서는 모집과 선발과정, 표집방법, 연구대상의 특징 등을 적절하게 기술합니다. 측정도구를 제시할 때는 신뢰도와 타당도에 대한 증거를 제공해야 합니다. 측정도구는 그 구성 내용들이 연구문제와 가설에 포함된 변수들의 정의와 부합되어야 합니다. 연구절차 부분에는 연구대상의 표집부터 설문 실시 과정 등 자료수집 절차에 대한 간략한 기술을 합니다. 그리고 분석방법 부분은 연구 문제와 가설에 맞는 적절한 분석방법을 구체적으로 기술합니다.

Ⅳ. 연구결과

연구결과 부분에서는 자료를 요약하고 연구에서 발견된 자료 사실을 바탕으로 앞에서 설정된 가설의 긍정 여부를 판단하고 정리합니다. 그리고 그 결과에 대한 해석이 기술되어야 합니다. 자료는 통계의 가정과 요구를 충족시킬 수 있어야 하며 일반적으로 잘 알려진 통계 방법이 아닌 경우 어떤 방식으로 자료 분석이 실시되었는지를 충분하고 상세하게 설명해야 합니다.

자료는 표나 그림으로도 제시할 수 있습니다. 표나 그림은 내용의 보충자료이므로 내용을 전부 표나 그림으로 대신해서는 안 되며 전후에는 제시된 표나 그림에 대한 설명이 있어야 합니다.

통계결과는 유의도, 자유도, 주요 통계결과, 수치 등이 제시되어야 하며 수치에 대한 자세한 설명을 해야 합니다. 그리고 그 수치가 연구에서 갖는 의의를 논의해야 합니다. 연구논문의 결과에서는 이론적인 부분에서 서술한 연구의 문제나 가설에 대한 답이 제시되어야 합니다.

연구결과는 서술된 가설의 순서대로 그 가설을 검증하기 위해 수집된 자료를 통계적으로 분석한 것을 제시하고 가설의 지지 여부에 대해 결정하고 해설을 합니다. 가설을 설정하지 않은 연구에서는 서론에서 제기한 연구문제에 대한 결과를 제시할 수 있습니다.

V. 논의 및 결론

논의 및 결론에서는 과거 연구결과와 현재 연구결과를 비교 검토합니다. 특히 가설이 기각되었을 때 많은 고민을 해야 합니다. 때로는 과거 연구결과나 이론들을 부정해야 하는 경우도 생길 수 있습니다. 이때에는 특히 주의해야 합니다. 과거 연구자들이 결코 가볍게 연구결과를 제시하지는 않았을 것이기 때문입니다. 또 현재 연구에서 측정의 신뢰도, 타당도 혹은 연구의 내적 타당도에 문제가 없었는지를 자세히 검토해야 합니다.

이런 과정을 거쳐 결론을 도출합니다. 이어서 현재 연구의 제한점이나 미래 연구에 대한 제언 등을 제시할 수 있습니다.

부록

학위논문의 부록에서는 연구에 직접적으로 사용되었으나 본문에 넣지 않았던 질문지 등의 연구 도구를 제시합니다. 그러나 학위논문의 부록에 제시하는 연구 도구들은 학술지 논문에서는 통상 생략합니다.

제5장

연구 설계: 논리적 모형

논문 특히 과학논문을 쓰기 위해서는 연구 방법을 철저히 공부해야 합니다. 철저히 공부해야 하는 이유는 다음과 같습니다. 첫째, 학자들의 연구결과들을 제대로 잘 이해하기 위해서는 연구 방법을 잘 이해하고 있어야 하기 때문입니다. 둘째, 그러한 경험적 연구 방법에 익숙해지면 연구결과들을 비판적으로 생각할 수 있기 때문입니다. 우리는 일상생활 속에서 여러 매체가 전달하는 수많은 연구결과들을 대하게 됩니다. 예컨대, 아이를 양육하는 방법, 대인관계를 향상시키는 방법 등에 대한 연구 결과를 비판적으로 이해하고 수용하기 위해서는 과학적 연구 방법에 대해 이해하고 있어야 합니다.

그런데 기존 연구 모형들은 연구 모형으로서의 제 역할을 제대로 하지 못했다고 봅니다. 기존 연구 모형들이 제 역할을 하였다면, 많은 능력 있는 연구자들이 그렇게도 심하게 비논리적인 논문을 쓰지 않았을 것입니다. 자료수집이라는 특별한 노력을 들이지 않고, 연구자의 연구실에서 손쉽게 발견할 수 있는 연구 모형들이 수십 종은 됩니다. 그러나 대단히 죄송하지만, 기본틀이 제대로 된 책을 발견하기는 거의 불가능한 상황입니다. 그래서 연구법에 대한 모형을 간략하게 제시합니다.

1. 측정과 연구 설계의 구분

새로 제시되는 통합 모형-논리적 모형에서는 측정과 연구 설계를 엄격히 구분합니다. 측정과 연구 설계를 구분하지 않는 입장의 수와 구분하는 입장의 수가 비슷합니다. 구분하는 것이 논리적으로 타당합니다. 예를 들어서, 검사법으로 상관실험도 할 수 있고, 집단실험도 할 수 있고, 소수사례실험도 할 수 있고, 상관연구도 할 수 있고, 집단비교연구도 할 수 있고, 단순기술연구도 할 수 있습니다. 또한 자기 관찰로 상관실험도 할 수 있고, 집단실험도 할 수 있고, 소수사례실험도 할 수 있고, 상관연구도 할 수 있고, 집단비교연구도 할 수 있고, 단순기술연구도 할 수 있습니다. 조사법이나 타인보고법으로도 마찬가지입니다. 그런데 일부에서는 측정방법을 그대로 연구 설계로 제시하여 연구자들을 혼란시키고 있습니다.

문제를 과학적으로 연구하려면, 신뢰로우며 타당하고 통계적으로 분석할 수 있는 방법으로 문제들을 측정해야 합니다. 이것은 결코 쉬운 과제가 아닙니다. 측정은 통상 비율척도, 등간척도, 서열척도, 명명척도 등으로 구분됩니다. 척도는 신뢰도, 타당도를 고려해야 합니다. 또한, 자기 보고법, 타인 보고법, 질문지법, 검사법, 조사법, 신경생리검사, 뇌 신경검사, 관찰법 등 다양한 측정법들의 이름이 측정과정의 특징을 표현하기 위해 사용되기도 합니다. 여러 측정방법 중에서 최선의 측정방법을 선택해야 합니다.

2. 실험법과 비실험법의 구분

논리적 모형에서는 연구 설계를 크게 실험법과 비실험법으로 구분합니다. 너무나 당연한 이 구분을 다시 분명히 해야 하는 이유는 연구자가 이전 논문들에서 지적했듯이 실험과 비실험을 구분하지 못하는 연구사례들이 많이 있었고, '기존연구방법전문가들이 말하는 사례연구'가 실험연구인지 비실험연구인지 모호하기 때문입니다. 소수사례실험 연구는 분명히 사례연구인 동시에 실험연구입니다. '기존 연구자들이 말하는 사례연구'는 분명히 비실험법이며 논리적 모형에서 말하는 단순기술연구입니다.

비실험법의 목적은 변수들 사이의 관계성을 알아내는 것입니다. 예를 들어, 텔레비전 프로그램과 공격성의 상관에 관한 연구가 있습니다. 과학자들은 텔레비전 프로그램의 폭력장면을 더 많이 시청한 소년들이 유아원에서 더 많은 공격행위를 나타내는 경향이 있다는 것을 관찰하였습니다. 비실험법은 인과적인지 아닌지를 결정할 수는 없습니다. 즉 비실험 연구의 목적은 관계성이 얼마나 강한지를 결정하는 것입니다. 텔레비전 폭력물 시청과 유아의 공격행동 사이 상관이 발견되지 않는다면 연구자들은 그 문제 전체를 포기할 것입니다.

그러나 상관들이 발견되면, 상관이 인과적인지 아닌지에 대한 물음이 유발됩니다. 관찰된 상관 그 자체로서는 이 물음에 대해 답을 제공할 수 없습니다. 상관이 인과적인지를 결정하기 위해서는 실험이 필요합니다. 비실험법에서는 연구자가 어떤 종류의 변수도 통제하지 않는 데 반하여, 실험연구에서는 연구자가 독립변수를 신중하게 조작하며 독립변수가 종속변수에 미치는 영향에 주목합니다.

실험 연구가 인과성을 결정하는 방법이라 하더라도 실험적으로 연구하는 것이 가능하지 않는 경우도 있습니다. 여성의 성취동기에 관한 질문을 생각해 봅시다. 과학적 입장에서 일부 어린 소녀들은 '성취하도록 격려하는 아버지'가 있는 새로운 환경에 할당하고, 다른 소녀들은 '격려하지 않는 아버지'에게 할당하는 것이 이상적일 수 있습니다. 그러나 그러한 실험은 가능하지 않습니다.

실험 연구가 인과성을 결정하는 힘 때문에 비실험 연구에 비해 항상 더 선호되는 것처럼 보일 수도 있지만, 실제로 적절한 연구방법은 '제기되는 물음' 에 따라 결정됩니다. 폭력 프로그램을 시청하는 것이 유아들의 공격성을 증가시키는지를 알고 싶으면, 실험이 필요합니다. 그러나 유아들의 공격성이 폭력 프로그램 시청과 상관이 있는지를 알고 싶으면 비실험법으로 연구할 수 있습니다. 폭력 프로그램 시청과 유아의 공격성 사이에 상관이 발견되지 않으면, 폭력 프로그램 시청이 유아의 공격성을 유발할 것이라는 가설로 실험연구를 하지는 않을 것입니다. 또 폭력 프로그램 시청과 유아의 공격성 사이에 상관이 있었더라도, 우리는 인과관계를 말할 수는 없습니다. 인과관계를 말하고 싶으면 상관관계 연구를 배경으로 인과관계를 확인하는 실험연구를 해야 합니다.

3. 실험법

전통적으로 대부분의 연구자들이 실험법에 대해서는 구분하지 않았습니다. 그러나 일부 연구자들은 ~~단일사례실험, 단일피험자실험, 반전설계~~ 등의 이름으로 전통적인 집단실험이 아닌 새로운 형태의 실험을 제시하였습니다. 그런데 ~~단일사례실험, 단일피험자실험, 단일대상연구, 반전설계,~~ 소수사례실험, ~~소수피험자실험~~ 등의 이름으로 혼란스럽게 제시되었으나 내용은 완전히 동일한 것이었습니다. 또한 이 새로운 실험법은 초기에는 단일사례에 대한 실험으로 시작되었으나 자체의 발전으로 단일사례가 아닌 세 사례 정도의 복수사례에 대한 실험법으로 발전하였습니다. 비실험법에서의 상관법과 비슷한 형태로 실험법에서 변수 수준을 매우 다양화한다면 독립변수와 종속변수 간의 상관적 정보를 확인하는 것이 가능합니다. 따라서 실험법은 소수사례실험법, 집단실험법, 상관실험법으로 구분합니다.

1) 소수사례실험법

실험법의 첫째 유형은 소수사례실험법입니다. 단일-사례 실험설계(single-case experimental designs)라고 했던 소수사례 실험설계는 아동문제에 있어서 강화 또는 자극 약물과 같은 임상적 치료의 영향을 평가하기 위해 매우 자주 사용됩니다. 소수사례 실험설계의 중심특징은 행동의 체계적 반복 평가입니다. 여러 형태의 소수사례실험법이 존재하지만 일반적인 것은 반전설계이고 행동, 상황, 개인들 간의 반복평가를 하는 중다-기저선 설계도 있습니다.

'가나가나' (ABAB, 반전)설계에서 참가자의 행동은 네 개의 연속적 단계로 여러 번 측정을 합니다.: (1) 기저선 단계 (가); (2) 치료가 도입되고 희망하는 방향으로 행동을 변화시켜 관찰하는 단계 (나); (3) 기저선 수준으로 수행이 되돌아가도록 기저선 조건을 재도입하는 반전단계 (가); (4) 다시 치료를 하는 마지막 단계 (나); 치료 단계동안 변화가 관찰되고 반전단계 동안 기저선 수준으로 되돌아가고 두 번째 치료 단계동안 희망하는 방향으로 다시 변화가 일어나야 합니다.

행동치료의 중요 특성 중의 하나는 치료동안 계속 종속변수를 측정하는 것입니다. 이 측정값으로 치료 효과를 평가합니다. 기저선 단계의 측정값과 치료 중의 측정값을 비교합니다. 행동치료의 목표는 부적절한 행동의 감소와 적절한 행동의 증가에 있고, 기저선 단계동안의 행동빈도와 치료단계동안의 행동 빈도를 비교합니다. 치료 효과는 적절한 행동의 증가량과 부적절한 행동의 감소량으로 측정합니다.

(1) '가나' (AB)설계

치료설계의 가장 단순한 형태는 기저선 단계(가; A) 후 치료단계(나; B)를 두는 방식입니다. 치료 전의 행동비율과 치료 후의 행동비율의 차이를 행동 변화라고 할 수는 있지만, 행동 변화의 원인이 치료라고 말할 수는 없습니다. 치료와 관련 없는 환경사건이 일어나서 행동 변화를 야기했을 수도 있습니다. 행동치료사들은 행동 변화 자체에만 관심을 가지는 것이 아니라 행동변화의 원인까지도 알고 싶어 합니다.

(2) '가나가나' (ABAB)설계의 변형

다른 사건이 행동 변화를 일으킨 것이 아니라 치료가 행동 변화의 원인이라는 확신을 갖기 위해서 여러 가지 치료설계를 만들었습니다. 그 중의 하나가 반전설계, 즉 '가나가나' (ABAB)설계입니다. 반전설계에서는, 치료단계(B1) 후에 기저선 단계(A2)로 반전시키고, A2 다음에 또 치료단계(B2)가 오게 합니다. 한 단계에서의 행동 안정성 즉 앞 단계와의 행동차이 안정성이 확보되었을 때 다음 단계로 넘어갑니다.

'가나가나' (ABAB)설계의 예를 말씀드리겠습니다. 첫 기저선 단계(A1)에서, 적절한 행동의 비율은 한 회기당 4로 평균보다 낮습니다. 치료 후의 적절한 행동의 비율은 한 회기당 12로 8만큼 증가하였습니다. 첫 치료단계(B1)에서 기저선 단계(A2)로의 반전은 적절한 행동의 감소를 초래했습니다. 그러나 다시 치료단계(B2)로의 복귀는 적절한 행동을 급격히 증가시켰습니다. 단계변화의 함수로써 행동변화가 관찰된다는 사실에서 우리는 '치료가 적절한 행동을 증가시켰다' 고 확신하게 됩니다. '가나가나' (ABAB)설계는 여러 형태로 발전되어 왔습니다. 때로는, 즉시 치료를 해야 하는 경우도 있습니다; 이 경우에는, '나가나' (BAB) 혹은 '나가나가나' (BABAB)설계를 이용할 수 있습니다. 또 어떤 경우에는, 기저선 상태로 되돌리는 것이 불가능할 수도 있습니다. 이 경우의 반전 단계는 처음의 치료 내용과 다른 절차로 구성해야 합니다. 예를 들면, 치료조건에서 공부행동을 강화했다면, 반전 단계에서는 공부행동이 아닌 다른 착한 행동을 강화할 수도 있습니다. 이러한 절차를 타행동강화(DRO)라고 합니다.

아동의 개선된 행동이 타인의 통제하에 놓이는 경우, 반전이 행동의 변화(악화)를 이끌어 내지 못할 수도 있습니다. 즉 원래 수줍어하던 아이가 일단 사회적 행동을 배우고 나면, 배운 사회적 행동이 친구들의 강화에 의해 지속될 수도 있습니다. 이 경우처럼 새로운 행동이 친구들의 강화를 받는 경우에는, 선생님에 의한 사회적 강화의 철수는 아동의 사회적 행동을 감소시키지 못할 수도 있습니다. 아동 자신이나 타인에게 신체적으로 해를 입히는 등 문제행동이 심각한 경우에는 반전을 시행할 수 없게 됩니다.

(3) 중다-기저선 설계

다행히도, 반전이 바람직하지 않거나 불가능할 때에 이용할 수 있는 치료 설계도 있습니다. 매우 인기가 있는 것은 중다-기저선 설계입니다. 중다-기저선 설계에서는 각기 다른 시점에서의 행동 변화가 치료와 연관이 있다는 것을 보여줌으로써 치료효과를 입증합니다. 기본적으로 행동, 사람, 상황과 관련된 세 가지 형태의 중다-기저선 설계가 있습니다.

행동에 따른 중다-기저선 설계에서는 둘 이상의 문제 행동을 동시에 수집합니다. 안정성이 확보된 후, 한 가지 행동에 대해서만 치료합니다. 또 첫 행동에 대한 치료효과 안정성이 확보된 후, 다음 행동에 대해 치료합니다. 이러한 방법으로 계속 진행됩니다. 치료를 한 후 문제 행동에서 변화가 일어나고, 치료하지 않은 행동에서는 체계적인 변화가 일어나지 않았을 때, 치료가 효과적이었다고 할 수 있습니다.

사람에 따른 중다-기저선 설계에서는 동일한 문제 행동을 가진 2명 이상 사람의 문제 행동을 기저선 자료로 수집합니다. 모든 사람에서의 안정적 기저선이 수립된 후, 한 사람만을 치료합니다. 첫 사람에서의 치료효과 안정성이 확보된 후, 첫 사람에 대한 치료는 계속하면서, 다음 사람을 치료

합니다. 개개인의 행동 변화가 모두 치료와 동시에 일어났다면 치료가 효과적이었다고 할 수 있습니다.

상황에 따른 중다-기저선 설계에서는 둘 이상의 상황(예를 들어 집, 학교)에서 한 사람의 동일한 행동을 수집합니다. 첫 상황에서 기저선의 안정성이 확립된 후 치료를 시작합니다. 첫 상황에서의 치료효과 안정성이 확립된 후, 첫 상황에서의 치료는 유지하면서 둘째 상황에서의 치료를 합니다. 모든 상황에서 치료효과 안정성이 확보될 때까지 이 과정을 지속합니다. 각각의 상황 모두에서 행동 변화가 치료와 함께 일어났다면 치료는 효과적이라고 할 수 있습니다.

(4) 기준-변화 설계

이 유형의 설계에서는 쉬운 목표로 치료를 시작합니다. 쉬운 목표가 달성된 후, 또 다른 작은 변화를 위한 치료를 합니다. 따라서 치료 계획은 큰 행동 목표 안에서의 일련의 점진적 단계로 이루어집니다. 이러한 방식으로 작은 각각의 행동에서의 개선에 대해 일관성 있게 보상을 하게 됩니다. 각각의 단계별 행동이 치료와 동시에 변화할 때, 치료가 효과적이라고 할 수 있습니다.

2) 전통적 집단실험법

실험법의 둘째 유형은 집단실험법입니다. 집단실험법에 대해서 '전통적' 이라는 형용사를 넣은 이유는 대부분의 기존 연구자들이 집단실험법만을 실험법인 양 제시하고 있었기 때문입니다. 연구는 과학적 방법의 원칙에 따라 가설을 설정하고, 실험에 의해서 그 가설을 입증하는 절차를 밟습니다. 가설은 여러 원천에서 얻어질 수 있습니다. 인간에 관한 이론적 견해로부터 나올 수도 있으며, 상식이나 일상적 관찰을 통하여 얻어질 수도 있습니다. 가설은 연구하고자 하는 문제에 대한 잠정적 답입니다. 가설은 보통 독립변수와 종속변수의 관계로 진술합니다. 유명한 페스팅거(Festinger)의 인지부조화 실험을 예로 들어보겠습니다. 페스팅거는 거짓말을 한 대가가 충분하지 않을 때 태도변화가 일어날 것이라는 가설을 세웠습니다. 이 가설을 검증하기 위해서, 실험참가자들에게 지겨운 과제를 하도록 하였습니다. 그리고 독립변수의 조작으로 지겨운 과제를 마친 참가자들에게 연구가 '재미있다' 고 말하도록 한 후 거짓말의 대가로 돈을 주었습니다. 한 집단의 참가자에게는 20달러를, 다른 집단의 참가자에게는 1달러를 주었습니다. 종속변수는 정말로 재미있다고 생각하는지의 태도입니다.

실험에서는 모든 조건을 일정하게 하고 독립변수만 체계적으로 변화시킴으로써 독립변수가 종속변수에 미치는 영향을 보려고 합니다. 여러 개의 독립변수가 한꺼번에 작용하면 어떤 변수가 종속변수에 영향을 주었는지 확인하기 어렵습니다. 따라서 독립변수와 종속변수의 관계에 대하여 결론을 내릴 수 없을 수도 있습니다. 실험에서는 모든 조건을 일정하게 해야 하므로 통제가 필요합니다. 그래서 심리학 실험에서는 잘 갖추어진 실험실과 정밀한 실험도구가 필요합니다. 그러나 연구의 가치가 '사용된 시설' 에 의해서 결정되는 것은 아닙니다. 종이와 연필만으로도 좋은 실험을 할 수 있는 경우가 있습니다.

3) 상관실험법

실험법의 셋째 유형은 상관실험법입니다. 연구실제에서는 발견하기 어려운 설계방법입니다. 실험법 혹은 실험설계를 말하면서 대부분의 연구자들은 집단실험설계만을 말하거나, 소수사례실험을 추가해서 말하는 경우가 전부 혹은 거의 전부입니다. 그러나 비실험적 설계와 대응시켜 논리적 추론을 하면, 상관실험법이 앞으로 유용할 것이라는 사실을 알 수 있습니다. 상관실험법은 전통적 집단실험법에 비해서 독립변수의 수준을 아주 많은 단계로 구분하고 독립변수 수준과 종속변수 수준으로 상관계수를 계산해내는 방법을 말합니다. 연구 환경이 좋아지고, 과학자들의 과학정신이 높아지면, 상관실험법이 많이 활용될 것으로 봅니다.

4. 비실험법

대개의 기존 연구자들은 비실험법을 상관법과 단순기술법으로 구분하였습니다. 단순기술법의 내용을 일부 연구자들은 사례연구라고 하고 또 일부 연구자들은 관찰법이라고 하고 또 일부 연구자들은 자연관찰이라고 하고 혹은 기술법, 기술관찰법 등의 다양한 이름을 붙이기도 하였습니다만 그 내용은 같았습니다. 그러나 솔소(조현춘 등 역, 2005)와 엘메스(남종호 역, 2001)는 통계적 기술, 분할표라는 이름으로 비실험적 집단비교법을 제시하고 있습니다. 따라서 논리적 모형에서는 비실험법을 상관법, 집단비교법, 단순기술법으로 구분합니다.

1) 단순기술법

비실험법의 첫째 유형은 단순기술법입니다. 표에서 보듯이 '기존 연구자들의 사례연구, 관찰, 자연관찰' 은 실제로는 동의어로 사용되고 있습니다. 더구나 실험에서도 관찰을 사용하여, 독립변수를 측정할 수도 있고, 종속변수를 측정할 수도 있습니다. 또한 자연관찰을 이용해서 상관법도 사용할 수 있는데 마치 별도의 연구방법인 양 제시하고 있습니다. 각 기존 연구자들이 말하는 사례연구, 관찰, 자연 관찰 등은 모두 같은 의미 즉 어떤 조작도 하지 않고 측정한 수치에 대해 특별한 통계적 처리도 하지 않고 단순히 기술한다는 의미에서 단순기술법이라고 이름을 정합니다. 기술법이라고 하지 않고 단순기술법이라고 하는 것은 비실험법 전체를 기술법이라고 하는 연구자들도 있었기 때문입니다. 개인의 집중적이거나 일화적인 관찰과 분석을 포함하는 단순기술법은 이상발달과 행동을 연구한 오랜 전통을 가지고 있습니다. 이따르(Itard)가 서술한 아베농의 야생소년; 프로이트(Freud)의 꼬마 한스의 공포증치료; 알버트의 공포반응에 대한 존 왓슨(John Watson)의 조건형성; 많은 다른 유사한 단순 기술연구들이 우리가 아동문제에 대해 생각하는 방법을 명확히 하는 데 중요한 역할을 합니다. 특히 임상장면에서 사용되는 단순기술법은 인터뷰, 관찰, 검사 등 여러 측정들로부터 개인에 대한 폭넓은 정보를 가져옵니다. 목표는 심리적 기능, 현재 환경, 발달 역사를 그림으로 완성하는 것과 같습니다. 때로 치료 결과를 기술하기도 합니다.

단순기술법은 세부적으로 풍부한 이야기체로 장애와 관련이 있는 요소 혹은 변수를 찾는 데 도움이 됩니다. 그럼에도 불구하고 단순기술법은 많은 결함이 있습니다. 비통제적 방법과 선택적 편향 때문에 비과학적이거나 불완전한 연구방법으로 보일 수도 있습니다. 관찰한 아동으로부터 다른 아동으로 일반화하는 데 문제가 있을 수 있습니다. 그러므로 단순 기술법의 자료들은 더 많이 통제된 방법과 큰 표본들로 연구하도록 하는 근원이 됩니다. 치료기법을 잘 살펴서 개선시키는 근원을 제공하기도 합니다.

비과학성에도 불구하고 체계적으로 구성된 단순 기술연구들은 아동기 장애 연구의 유용한 역할을 하는 것 같습니다. 첫째, 많은 아동기 장애(예; 자폐증과 아동기 정신분열병)는 그 사례가 드물기 때문에 연구를 위한 큰 표본의 상관연구, 실험연구를 하는 것이 어렵습니다. 둘째, 단순기술법은 드물게 발생하거나(극도로 잔인한 행동 등) 숨겨져 있어서 직접적으로 관찰하기 힘든(훔침, 방화 등) 아동기 장애의 많은 증상들을 이해하는 데 큰 공헌을 할 수도 있습니다. 셋째, 외상 후 스트레스 장애와 같은 아동기 장

애는 자연재앙, 심각한 외상, 학대, 극한 상황에서 자연적으로 발생합니다. 이러한 사건들이나 환경들에 대해 통제된 방법을 사용하는 것은 불가능합니다.

단순기술법에서 가장 중요한 것은 임상적 실제와 연구의 차이입니다. 개별아동에 대한 단순기술법은 임상가의 가장 편리하고 실행 가능한 연구이지만 단순기술법의 제한점 때문에 나타날 수도 있는 추론의 한계가 존재합니다. 반대로 통제된 연구에 대한 엄격한 요구는 관심을 둔 임상 현상의 중요한 측면을 덮어버릴 수도 있습니다.

2) 집단비교법

비실험법의 둘째 유형은 집단비교법입니다. 단순기술법이 원자료를 단순히 제시하는 방법이라면 집단비교법은 집단 간의 차이를 확률적 · 통계적으로 유의한지를 확인하는 방법입니다. 전통적 집단실험설계에서는 집단을 구분할 때, 무선할당하여 등질화하고 독립변수를 조작합니다. 그런데 집단비교라는 차원에서는 같으나, 무선할당을 하지 않고 이미 분류되어 있는 분류변수를 사용하는 경우, 이를 집단비교법이라고 합니다. 지금까지 연구법을 분류할 때, 집단비교법이라는 말을 별도로 사용하는 경우는 거의 발견하지 못했습니다. 인과관계를 규명하는 집단실험에서는 '가' 변수는 '나' 변수에 영향을 미친다는 가설이나 결과를 말할 수 있으나 인과관계를 규명할 수 없는 집단비교법에서는 '가' 변수는 '나' 변수에 영향을 미친다는 가설이나 결과를 말할 수 없습니다.

3) 상관법

비실험법의 셋째 유형은 상관법입니다. 상관법은 변수들 간의 관계를 알아보는 것입니다. 상관이란 함께 또는 동시에 변하는 관계를 말합니다.

성격은 두 측정치 간 관계를 말하는 경우가 많습니다. 배변훈련에서의 문제가 성인기 강박성과 관련이 있는가? 대학에서의 데이트 횟수는 결혼 만족과 관계가 있는가? 상관법에서는 모든 내담자를 원칙적으로 자연 상태에서 관찰합니다.

상관법에서는 집단의 구성원 각각에 대해 한 쌍의 관찰을 합니다. 예를 들어 교수가 교실에서 학생들이 앉는 위치와 학점 간에 관계가 있는지에 관심이 있다고 합시다. 교수는 교실에 수업을 할 때 학생이 앉은 줄의 번호와 학점목록을 표로 만들 수 있습니다. 상관법에서는 모든 학생을 자연 상황에서 관찰하였습니다. 실험에서는 수업이 시작하는 무렵에 학생을 자리에 무선할당합니다.

두 변수가 상관되어 있다는 사실을 아는 것만으로는 충분하지 않습니다. 우리는 또한 (1) 상관의 강도와 (2) 상관의 방향을 알고 싶어 합니다. 상관의 크기는 우리에게 한 변수가 나머지 변수를 어느 정도 예측할 수 있는지를 말해줍니다. 상관계수의 절대치가 높을수록 더 정확하게 예측할 수 있습니다.

두 변수는 정방향으로 상관되어 있을 수도 있고, 역방향으로 상관되어 있을 수도 있으며, 이를 상관의 방향이라고 합니다. 변수 '가' 와 변수 '나' 간의 정방향적 상관 또는 정적 상관은 '가' 에서의 높은 점수는 '나' 에서의 높은 점수와 함께 나타나고, '가' 에서의 낮은 점수는 '나' 에서의 낮은 점수와 연합되어 있음을 나타냅니다. 예를 들어, 부모와 자녀의 지능지수는 일반적으로 정적 상관이 있고, 부모가 영리하면 자녀도 영리합니다.

그러나 부적 상관에서는 '가' 에서의 높은 점수는 '나' 에서의 낮은 점수와 연합되고, '가' 에서의 낮은 점수는 '나' 에서의 높은 점수와 연합되어 있습니다.

제 II 부

연구 설계별 논문의 예

제6장

소수사례실험법

6-1. 행동간 소수사례실험법

Ⅰ. 서론

연구자는 '박채진 치료법은 착한 행동(허락구하기, 다른 과제, 도움)을 증가시킬 것인가?' 라는 문제에 관심이 있었습니다.

Ⅱ. 이론적 배경

선행연구를 고찰한 후, '박채진 치료법은 착한 행동(허락구하기, 다른 과제, 도움)을 증가시킬 것이다' 라는 가설을 세웠습니다.

Ⅲ. 연구방법

착한 행동이 거의 없는 한 아동을 대상으로 '행동간 간헐적 중다기저선 소수사례실험법' 으로 가설을 검증하였습니다.

Ⅳ. 연구결과

그림에서 보는 바와 같이 '박채진 치료법은 착한 행동(허락구하기, 다른 과제, 도움)을 증가시킨다' 는 사실이 확인되었습니다.

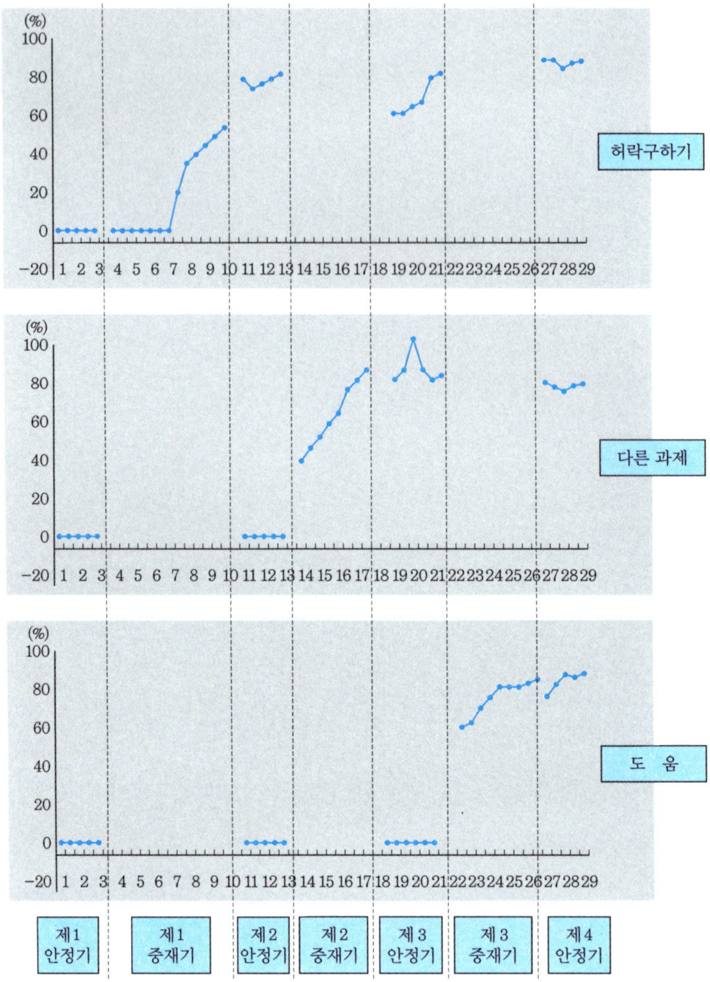

주의할 점

사전에는 모든 행동이 불량했고(제 1 안정기 확인), 제 1 중재 후에는 허락구하기 행동만 양호한 행동으로 바뀌었으며(제 2 안정기 확인), 제 2 중재 후에는 다른 과제 행동도 양호한 행동으로 바뀌었으며(제 3 안정기 확인), 제 3 중재 후에는 도움 행동도 양호한 행동으로 바뀌어, 결국 모든 행동이 양호한 행동으로 안정되었음을 확인(제 4 안정기) 하는 것이 중요합니다. 특히, 제 1 안정기 전에 모든 것이 계획되어 있어야 합니다. 만약에 안정기 확인이 철저하지 않거나 제 1 안정기 전에 모든 것이 완벽하게 계획되어 있지 않았으면 무효입니다. 앞으로 볼 많은 연구 설계들이 수십 명에서 수백 명을 대상으로 한다는 것을 생각하여야 합니다. 두 사항은 모두 필수 조건입니다.

만약에

'안정 기간 확인' 이 없는 즉 증거가 불충분한 소수사례실험의 예

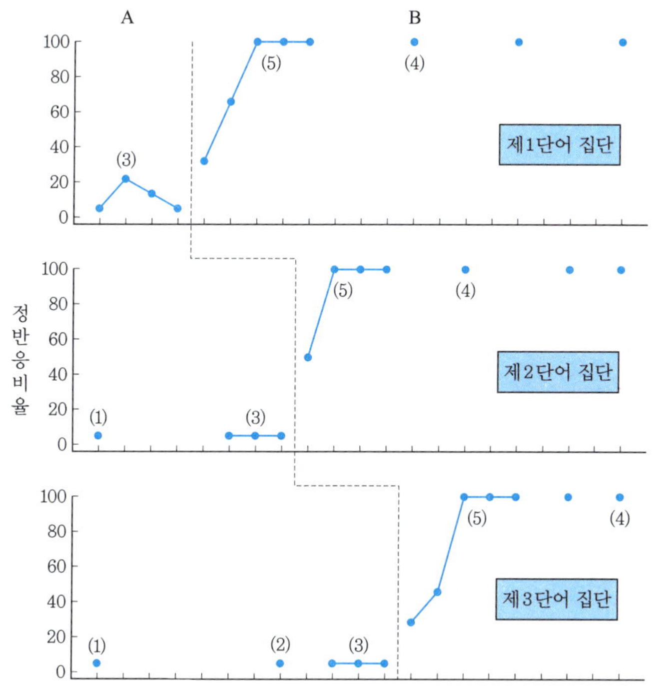

단어의 철자법에 대한 가상자료:
(1) 초기 프로브, (2) 준거 도달 이후의 프로브, (3) 중재 전의 참 기초선 자료,
(4) 점검 회기, (5) 지속적인 중재 결과

그림 6. 이소현 등 단일 대상 연구(117면)에서의 '안정 기간 확인' 이 없는 즉 증거가 불충분한 소수사례실험의 예

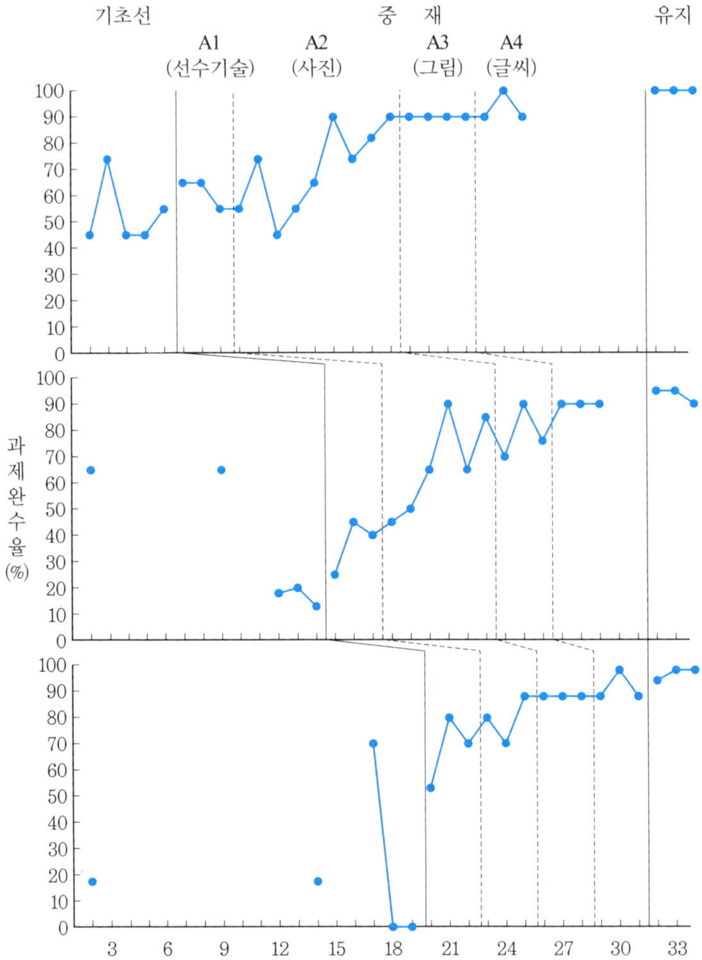

그림 7. 이소현 등의 단일 대상 연구(122면)에서의 '안정 기간 확인'이 없는 즉 증거가 불충분한 소수사례실험의 예

사전에는 모든 행동이 불량했고(제 1 안정기 확인), 제 1 중재 후에는 허락구하기 행동만 양호한 행동으로 바뀌었으며(제 2 안정기 확인), 제 2 중재 후에는 다른 과제 행동도 양호한 행동으로 바뀌었으며(제 3 안정기 확인), 제 3 중재 후에는 도움 행동도 양호한 행동으로 바뀌어, 결국 모든 행동이 양호한 행동으로 안정되었음을 확인(제 4 안정기)하는 것이 중요합니다.

특히, 제 1 안정기 전에 모든 것이 계획되어 있어야 합니다. 그런데 앞의 두 사례에서는 안정기 확인이 없습니다. 따라서 단순기술법의 예는 되지만, 소수사례실험법의 사례는 되기가 어렵습니다.

V. 논의 및 결론

6-2. 사람간 소수사례실험법

I. 서론

연구자는 '박채진 치료법이 착한 행동을 증가시킬 것인가?' 라는 문제에 관심이 있었습니다.

II. 이론적 배경

선행연구를 고찰한 후, '박채진 치료법은 착한 행동을 증가시킬 것이다' 라는 가설을 세웠습니다.

III. 연구방법

착한 행동이 거의 없는 세 아동을 대상으로 '사람간 간헐적 중다기저선 소수사례실험법' 으로 가설을 검증하였습니다.

IV. 연구결과

그림에서 보는 바와 같이 '박채진 치료법은 착한 행동을 증가시킨다' 는 사실이 확인되었습니다.

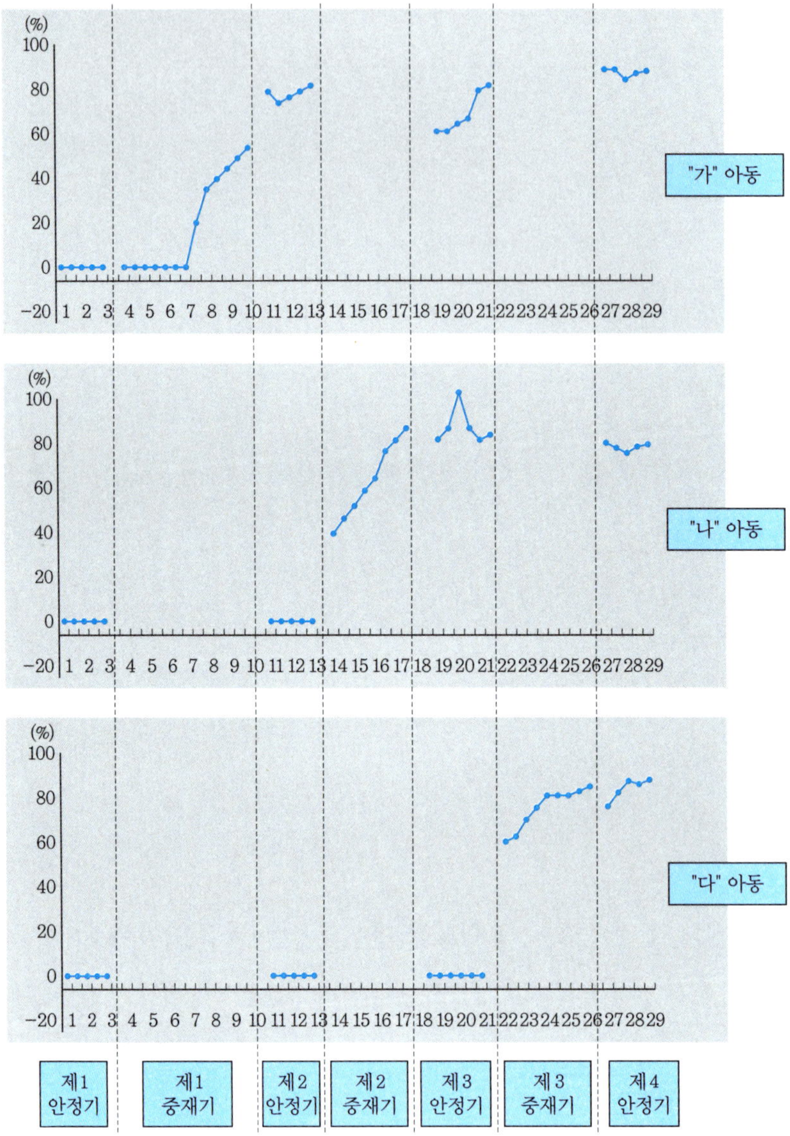
(%)
100
80
60
40
20
0
-20
1 2 3 4 5 6 7 8 9 10 11 12 13 14 15 16 17 18 19 20 21 22 23 24 25 26 27 28 29
"가" 아동
"나" 아동
"다" 아동
제1 안정기
제1 중재기
제2 안정기
제2 중재기
제3 안정기
제3 중재기
제4 안정기

주의할 점

사전에는 모든 행동이 불량했고(제 1 안정기 확인), 제 1 중재 후에는 '가' 아동의 행동만 양호한 행동으로 바뀌었으며(제 2 안정기 확인), 제 2 중재 후에는 '나' 아동의 행동도 양호한 행동으로 바뀌었으며(제 3 안정기 확인), 제 3 중재 후에는 '다' 아동의 행동도 양호한 행동으로 바뀌어, 결국 모든 아동의 행동이 양호한 행동으로 안정되었음을 확인(제 4 안정기)하는 것이 중요합니다. 특히, 제 1 안정기 전에 모든 것이 계획되어 있어야 합니다. 만약에 안정기 확인이 철저하지 않거나 제 1 안정기 전에 모든 것이 완벽하게 계획되어 있지 않았으면 무효입니다. 앞으로 볼 많은 연구 설계들이 수십 명에서 수백 명을 대상으로 한다는 것을 생각하여야 합니다. 두 사항은 모두 필수 조건입니다.

Ⅴ. 논의 및 결론

6-3. 상황간 소수사례실험법

Ⅰ. 서론

연구자는 '박채진 치료법이 착한행동을 증가시킬 것인가?'라는 문제에 관심이 있었습니다.

Ⅱ. 이론적 배경

선행연구를 고찰한 후 '박채진 치료법이 착한행동을 증가시킬 것이다'라는 가설을 세웠습니다.

Ⅲ. 연구방법

착한 행동이 거의 없는 한 아동을 대상으로 '상황간 간헐적 중다기저선 소수사례실험법' 으로 가설을 검증하였습니다.

Ⅳ. 연구결과

그림에서 보는 바와 같이 '박채진 치료법은 착한행동을 증가시킨다' 는 사실이 확인되었습니다.

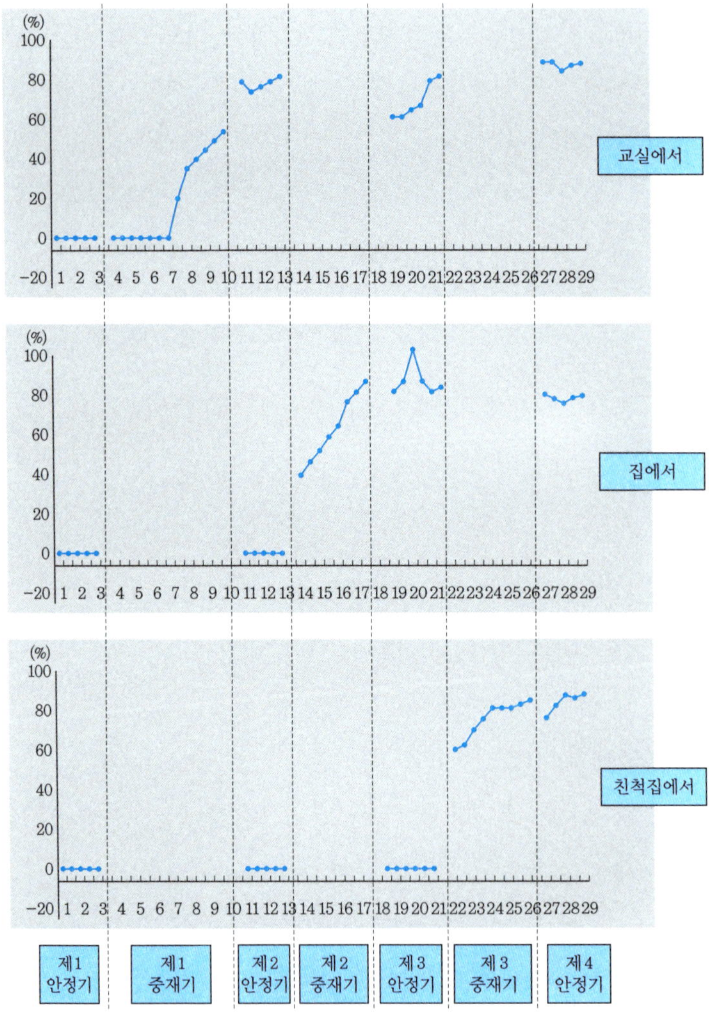

주의할 점

사전에는 모든 장소에서 불량했고(제 1 안정기 확인), 제 1 중재 후에는 교실에서만 양호한 행동으로 바뀌었으며(제 2 안정기 확인), 제 2 중재 후에는 집에서도 양호한 행동으로 바뀌었으며(제 3 안정기 확인), 제 3 중재 후에는 친척집에서까지도 양호한 행동으로 바뀌어, 결국 모든 장소에서 양호한 행동으로 안정되었음을 확인(제 4 안정기)하는 것이 중요합니다. 특히, 제 1 안정기 전에 모든 것이 계획되어 있어야 합니다. 만약에 안정기 확인이 철저하지 않거나 제 1 안정기 전에 모든 것이 완벽하게 계획되어 있지 않았으면 무효입니다. 앞으로 볼 많은 연구 설계들이 수십 명에서 수백 명을 대상으로 한다는 것을 생각하여야 합니다. 두 사항은 모두 필수조건입니다.

V. 논의 및 결론

6-4. 수준간 소수사례실험법

I. 서론

연구자는 '박채진 치료법이 학습시간을 증가시킬 것인가?' 라는 문제에 관심이 있었습니다.

II. 이론적 배경

선행연구를 고찰한 후 '박채진 치료법이 학습시간을 증가시킬 것이다' 라는 가설을 세웠습니다.

III. 연구방법

학습시간이 거의 없는 한 아동을 대상으로 '수준간 중다기저선 소수사례실험법' 으로 가설을 검증하였습니다.

Ⅳ. 연구결과

그림에서 보는 바와 같이 '박채진 치료법이 학습시간을 증가시킨다' 는 사실이 확인되었습니다.

주의할 점

사전에는 학습 시간이 없었고(제 1 안정기 확인), 제 1 중재 후에는 한 시간으로 바뀌었으며(제 2 안정기 확인), 제 2 중재 후에는 2시간으로 바뀌었으며(제 3 안정기 확인), 제 3 중재 후에는 3시간까지로 바뀌어, 결국 3시간에서 안정되었음을 확인(제 4 안정기)하는 것이 중요합니다. 특히, 제 1 안정기 전에 모든 것이 계획되어 있어야 합니다. 만약에 안정기 확인이 철저하지 않거나 제 1 안정기 전에 모든 것이 완벽하게 계획되어 있지 않았으면 무효입니다. 앞으로 볼 많은 연구 설계들이 수십 명에서 수백 명을 대상으로 한다는 것을 생각하여야 합니다. 두 사항은 모두 필수조건입니다.

Ⅴ. 논의 및 결론

제7장

집단실험실

1. 피험자(집단)간 설계

7-1. 피험자(두 집단)간 설계

Ⅰ. 서론

연구자는 '행복훈련은 자존감을 높일 것인가?' 라는 문제에 관심이 있었습니다.

Ⅱ. 이론적 배경

선행연구를 고찰한 후, '행복훈련은 자존감을 높일 것이다' 라는 가설을 설정하였습니다.

Ⅲ. 연구방법

대학생들 중에서 30명을 무선표집하여 두 집단에 15명씩 무선할당하였습니다(엄격한 의미에서는 30 집단이 있어야 합니다. 그러나 치료 분야에서는 자료 수집에서 많은 시간과 노력이 들기 때문에 허용되어집니다). 그런 후에 한 집단에게는 행복훈련을 실시하였고 다른 집단에게는 실시하지 않았습니다. 후에 자존감을 측정하였습니다. 이 과정을 그림으로 제시하면 다음과 같습니다.

무선표집 30명	무선할당 15명	행복훈련 실시	측정
	무선할당 15명	비실시	

측정한 결과 표 1과 같은 자료를 얻었습니다.

표 1. 자존감의 원자료

행복훈련 실시		비실시	
1.0	1.2	.3	.6
1.1	1.5	.5	.5
1.3	1.4	.9	.4
1.5	1.7	.2	.3
1.8	1.8	.7	.3
1.2	1.6	.4	.2
1.4	1.7	.2	.4
1.3		.3	

표 1에 제시한 자료에 대해 통계분석을 실시하는 순서를 요약 정리하면 다음과 같습니다.

사회과학통계꾸러미(SPSS) 실행 -> 첫 화면 데이터 편집기에 자료 입력 -> 분석 -> 평균 비교 -> 일원배치 분산분석 -> 독립변수와 종속변수 선택 -> 확인

Ⅳ. 연구결과

[기술통계결과]

행복훈련 실시집단과 비실시집단의 자존감의 평균과 표준편차를 표 2에 제시하였습니다.

표 2. 자존감의 평균과 표준편차

	행복훈련 실시(인원수=15)	비실시(인원수=15)
자존감	1.43(.25)	.41(.20)

표 2에서 보는 바와 같이 행복훈련 실시집단 자존감의 평균은 1.43, 표준편차는 .25, 비실시집단 자존감의 평균은 .41, 표준편차는 .20이었습니다.

[유의통계결과]

집단간 자존감의 차이가 통계적으로 유의한지를 확인하기 위해 분산분석을 실시하였습니다. 자존감에 대한 (일변량 일원)분산분석결과는 표 3과 같습니다.

표 3. 자존감에 대한 분산분석

	제곱합	자유도	제곱평균	분산비
훈련실시여부	7.8	1	7.8	150.61***
오차	1.45	28	.005	
전체	9.25	29		

***확률값<.001

표 3에서 보는 바와 같이 행복훈련 실시 여부에 따른 집단간의 자존감 차이는 .001수준에서 유의하였습니다[분산비(1, 28)=150.61, 확률값 <.001].

[통계해석결과]

즉 '행복훈련은 자존감을 높일 것이다' 라는 가설은 .001수준에서 지지되었습니다. 따라서 '행복훈련은 .001수준에서 자존감을 높인다' 라고 할 수 있습니다.

만약에

확률값이 .06이면, 즉 확률값이 .05보다 크면, "표 3에서 보는 바와 같이 행복훈련 실시 여부에 따른 집단간의 자존감 차이는 통계적으로 유의하지 않았습니다[분산비(1, 28)=3.00, 확률값>.05]. 즉 '행복훈련은 자존감을 높일 것이다' 라는 가설은 기각되었습니다" 가 됩니다. 이때, '~~차이가 없다~~', '~~행복훈련은 자존감을 높이지 않는다~~' 라고 하면 완전히 엉터리 논문이 됩니다.

V. 논의 및 결론

7-2. 피험자(두 집단)간 사전-사후-추후 설계

I. 서론

연구자는 '행복훈련은 자존감을 높일 것인가?' 라는 문제에 관심이 있었습니다.

II. 이론적 배경

선행연구를 고찰한 후, '행복훈련은 자존감을 높일 것이다' 라는 가설을 설정하였습니다.

III. 연구방법

대학생들 중에서 30명을 무선표집하여 두 집단에 무선할당하였습니다. 행복훈련을 실시하기 전에 두 집단의 (사전) 자존감을 측정하였습니다. 행복훈련실시 후 행복훈련 실시 집단과 비실시 집단의 (사후) 자존감을 측정하였습니다. 그리고 얼마의 시간이 지난 후 두 집단의 (추후) 자존감을 측정하였습니다. 이 과정을 그림으로 제시하면 다음과 같습니다.

무선표집 30명	무선할당 15명	사전측정1	행복훈련 실시	사후측정2	추후측정3
	무선할당 15명	사전측정4	비실시	사후측정5	추후측정6

측정한 결과 표 1과 같은 자료를 얻었습니다.

표 1. 자존감의 원자료

행복훈련 실시 집단						비실시 집단					
사전측정1		사후측정2		추후측정3		사전측정4		사후측정5		추후측정6	
10	20	20	40	15	35	30	60	25	40	24	35
10	50	10	60	10	55	50	50	40	40	30	30
30	40	40	50	35	45	90	40	80	30	70	30
50	70	60	75	55	65	20	30	10	20	10	21
80	80	90	90	85	85	70	30	60	20	60	21
20	60	20	70	25	65	40	20	30	10	25	10
40	70	50	80	45	76	20	40	10	30	10	30
30		40		35		30		20		20	

표 1에 제시한 자료에 대해 통계분석을 실시하는 순서를 요약 정리하면 다음과 같습니다.

사회과학통계꾸러미(SPSS) 실행 -> 첫 화면 데이터 편집기에 자료 입력 -> 변환(T)/변수계산(C) -> 분석 -> 평균 비교 -> 일원배치 분산분석 -> 독립변수와 종속변수 선택 -> 확인

Ⅳ. 연구결과 1

[기술통계결과]

행복훈련 실시집단과 비실시집단의 사전-사후 자존감 변화량의 평균과 표준편차를 표 2에 제시하였습니다.

표 2. 사전–사후 자존감 변화량의 평균과 표준편차

	사전	사후	자존감 변화량
행복훈련 실시(인원수=15)	44.00(24.14)	53.00(25.19)	9.00(4.70)
비실시(인원수=15)	41.33(19.95)	31.00(19.29)	−10.33(2.96)

표 2에서 보는 바와 같이 행복훈련 실시집단 사전-사후 자존감 변화량의 평균은 9.00, 표준편차는 4.70, 비실시집단 사전-사후 자존감 변화량의 평균은 −10.33, 표준편차는 2.96이었습니다.

[유의통계결과]

집단간 자존감 사전-사후 변화량이 통계적으로 유의한지를 확인하기 위해 분산분석을 실시하였습니다. 사전-사후 자존감 변화량에 대한 (일변량 일원) 분산분석결과는 표 3과 같습니다.

표 3. 사전–사후 자존감 변화량에 대한 분산분석

	제곱합	자유도	제곱평균	분산비
훈련실시여부	2803.333	1	2803.333	181.14*
오차	433.333	28	15.476	
전체	3236.667	29		

*확률값<.05

표 3에서 보는 바와 같이 행복훈련 실시 여부에 따른 집단간의 자존감 변화량 차이는 .05수준에서 유의하였습니다[분산비(1, 28)=181.14, 확률값<.05].

[통계해석결과]

즉 '행복훈련은 자존감을 높일 것이다' 라는 가설은 .05수준에서 지지되었습니다. 따라서 '행복훈련은 자존감을 .05수준에서 유의하게 높인다' 라고 할 수 있습니다.

만약에

확률값이 .06이면, 즉 확률값이 유의수준 .05보다 크면 "표 3에서 보는 바와 같이 행복훈련 실시 여부에 따른 집단간의 자존감 차이는 통계적으로 유의하지 않았습니다[분산비(1, 28)=3.00, 확률값>.05]. 즉 '행복훈련은 자존감을 높일 것이다' 라는 가설은 기각되었습니다"가 됩니다. 이때, ~~'차이가 없다'~~, ~~'행복훈련은 자존감을 높이지 않는다'~~ 라고 하면 완전히 엉터리 논문이 됩니다.

특히

사전-사후측정에서 안 되는 것 세 가지

1. 사전-사후측정을 반복측정으로 보는 것은 안 됩니다. 왜냐하면 연구방법 혹은 통계에서의 반복측정은 뒤에서 보듯이 독립변수가 별도로 있고, 독립변수 처치가 '순서 균형화' 가 되어야 하기 때문입니다.
2. 사전-사후값에 대해서 분산분석하는 것은 안 됩니다. 예를 들어서 봄에 감나무 밑에서 '기도한 후' 가을에 익은 감이 열려있다고 해서 '기도가 원인이 되어서 익은 감이 열려있다' 라고 할 수는 없습니다.

3. 실험집단과 통제집단의 사후값에 대해서 분산분석하는 것은 안 됩니다.
4. 기타 자주 출연하는 오류의 예를 3부에 별도로 제시합니다. 실제로 사전-사후측정에서 참으로 다양한 오류들이 자주 발견됩니다.

사전-사후측정에서 되는 것 세 가지

1. 실험집단과 통제집단의 사전-사후 변화량에 대해서 분산분석하는 것은 됩니다.
2. 사전값을 공변수로 하고, 사후값을 준거변수로 하여 공분산분석을 하는 것은 됩니다.
3. 사전값을 공변수로 하고, 사후값을 준거변수로 하여 다변량공분산분석을 하는 것은 됩니다.

Ⅳ. 연구결과 2

[기술통계결과]

행복훈련 실시집단과 행복훈련 비실시집단의 사전-추후 자존감 변화량의 평균과 표준편차를 표 4에 제시하였습니다.

표 4. 사전-추후 자존감 변화량의 평균과 표준편차

	사전	추후	변화량
행복훈련 실시(인원수=15)	44.00(24.14)	48.73(23.57)	4.73(4.00)
비실시(인원수=15)	41.33(19.95)	28.40(16.92)	−12.93(5.59)

표 4에서 보는 바와 같이 행복훈련 실시집단 사전-추후 자존감 변화량의 평균은 4.73, 표준편차는 4.00, 비실시집단의 자존감 변화량의 평균은

−12.93, 표준편차는 5.59이었습니다.

[유의통계결과]

집단간 자존감 사전-추후 변화량이 통계적으로 유의한지를 확인하기 위해 분산분석을 실시하였습니다. 사전-추후 자존감 변화량에 대한 분산분석 결과는 표 5와 같습니다.

표 5. 사전-추후 자존감 변화량에 대한 분산분석

	제곱합	자유도	제곱평균	분산비
훈련여부	2340.833	1	2340.833	98.73*
오차	28	28	23.710	
전체	3004.700	29		

*확률값<.05

표 5에서 보는 바와 같이 행복훈련 실시 여부에 따른 사전-추후 자존감 변화량의 집단간 차이는 .05수준에서 유의하였습니다[분산비(1, 28)=98.73, 확률값<.05].

[통계해석결과]

즉 '행복훈련은 추후 자존감을 높일 것이다' 라는 가설은 .05수준에서 지지되었습니다. 따라서 '행복훈련은 .05수준에서 추후 자존감을 높인다'고 할 수 있습니다.

만약에

사전-사후 변화량에서의 논의 사항과 같습니다.

특히
사전-사후 변화량에서의 논의 사항과 같습니다.

특히
1. 실험집단과 통제집단의 사후-추후 변화량에 대해서 분산분석하는 것은 절대로 안 됩니다. 실험집단과 통제집단의 사전-추후 변화량에 대해서 분산분석해야 합니다.

7-3. 피험자(세 집단)간 설계

Ⅰ. 서론

통제집단을 둘 이상 두어야 하는 경우도 있습니다. 연구자는 행복훈련의 구성요소 중 일부는 문화적 차이로 중국에서 실시하기가 어렵다고 판단되어 '존경요소'를 제외하여도 효과가 유의할 것인지에 대해 관심이 있었습니다.

Ⅱ. 이론적 배경

선행연구를 고찰한 후, '존경요소를 제외한 행복훈련도 자존감을 높일 것이다'라는 가설을 설정하였습니다.

Ⅲ. 연구방법

대학생들 중에서 45명을 무선표집하여 세 집단에 15명씩 무선할당하였습니다. 그런 후에 한 집단에게는 원형행복훈련을 실시하였고, 다른 한 집단에게는 수정행복훈련을 실시하였습니다. 나머지 한 집단에게는 아무런 훈련도 실시하지 않았습니다. 그런 후에 자존감을 측정하였습니다. 이 과정을 그림으로 제시하면 다음과 같습니다.

무선표집 45명	무선할당 15명	원형행복훈련 실시	측정
	무선할당 15명	수정행복훈련 실시	
	무선할당 15명	비실시	

측정한 결과 표 1과 같은 자료를 얻었습니다.

표 1. 자존감의 원자료

원형행복훈련 실시		수정행복훈련 실시		비실시	
1.0	1.2	.9	.9	.3	.6
1.1	1.5	1.0	1.1	.5	.5
1.3	1.4	1.2	1.2	.9	.4
1.5	1.7	1.2	1.3	.2	.3
1.8	1.8	1.5	1.4	.7	.3
1.2	1.6	.9	1.3	.4	.2
1.4	1.7	1.1	1.4	.2	.4
1.3		1.1		.3	

표 1에 제시한 자료에 대해 통계분석을 실시하는 순서를 요약 정리하면 다음과 같습니다.

> 사회과학통계꾸러미(SPSS) 실행 -> 데이터 편집기에 자료 입력 -> 분석 -> 평균 비교 -> 일원배치 분산분석 -> 독립변수와 종속변수 선택 -> 확인

Ⅳ. 연구결과

[기술통계결과]

원형행복훈련 실시집단과 수정행복훈련 실시집단, 비실시 집단의 자존감의 평균과 표준편차를 표 2에 제시하였습니다.

표 2. 자존감의 평균과 표준편차

	원형행복훈련 (인원수=15)	수정행복훈련 (인원수=15)	비실시 (인원수=15)
자존감	1.43(.25)	1.17(.19)	.41(.20)

표 2에서 보는 바와 같이 원형행복훈련 실시집단 자존감의 평균은 1.43, 표준편차는 .25, 수정행복훈련 실시집단 자존감의 평균은 1.17, 표준편차는 .19, 비실시집단 자존감의 평균은 .41, 표준편차는 .20이었습니다.

[유의통계결과]

집단간 자존감 차이가 통계적으로 유의한지를 확인하기 위해 분산분석을 실시하였습니다. 자존감에 대한 분산분석결과는 표 3과 같습니다.

표 3. 자존감에 대한 분산분석

	제곱합	자유도	제곱평균	분산비
훈련유형	8.40	2	4.20	89.76***
오차	1.96	42	.05	
전체	10.36	44		

***확률값<.001.

표 3에서 보는 바와 같이 훈련 유형에 따른 차이는 .001수준에서 유의하였습니다[분산비(2, 42)=89.76, 확률값<.001].

[통계해석결과]

즉 '자존감은 훈련유형에 따라 .001수준에서 유의하게 다르다' 고 할 수 있습니다.

만약에
표 3에서 훈련 유형간 차이가 유의하지 않았으면 더 이상 통계처리 할 수 없습니다. 즉 "유의하지 않았습니다" 에서 모든 것이 끝났습니다. 이때 '~~차이가 없다~~' 거나, '~~영향을 미치지 않았다~~' 라고 하면 완전히 엉터리 논문이 됩니다.

[사후검증결과]

구체적으로 어느 집단과 어느 집단 간의 차이가 유의하였는지를 확인하기 위해 사후검증을 한 결과가 표 4에 있습니다.

표 4. 자존감에 대한 사후검증

	원형행복	수정행복	비실시
원형행복	–	.27**	1.02***
수정행복		–	.75***
비실시			–

**확률값<.01, ***확률값<.001

[사후검증해석결과]

표 4에서 보는 바와 같이 '원형행복훈련은 수정행복훈련보다 자존감을 .01수준에서 유의하게 더 많이 높인다' 고 할 수 있습니다[확률값<.01]. 또 '수정행복훈련은 .001수준에서 자존감을 높인다' 라고 할 수 있습니다[확률

값<.001]. 당연히 '원형행복훈련은 .001수준에서 자존감을 높인다' 고 할 수 있습니다[확률값<.001].

Ⅴ. 논의 및 결론

7-4. 피험자(집단)간 요인설계 1

[두 집단 × 두 집단](상호작용이 유의하지 않는 경우)

Ⅰ. 서론

연구자는 '인삼과 녹용은 건강을 증진시킬 것인가?' 라는 문제에 관심이 있었습니다.

Ⅱ. 이론적 배경

선행연구를 고찰한 후, '인삼과 녹용은 건강을 증진시킬 것이다' 라는 가설을 설정하였습니다.

Ⅲ. 연구방법

대학생들 중에서 48명을 무선표집하여 네 집단에 12명씩 무선할당하였습니다. 그런 후 첫째 집단에게는 녹용 비복용-인삼 비복용을, 둘째 집단에게는 녹용 비복용-인삼 복용, 셋째 집단에게는 녹용 복용-인삼 비복용을, 넷째 집단에게는 녹용 복용-인삼 복용을 하였습니다. 그런 후에 건강을 측정하였습니다. 이 과정을 그림으로 제시하면 다음과 같습니다.

무선표집 48명	무선할당 12명	녹용 비복용-인삼 비복용	측정
	무선할당 12명	녹용 비복용-인삼 복용	
	무선할당 12명	녹용 복용-인삼 비복용	
	무선할당 12명	녹용 복용-인삼 복용	

측정한 결과 표 1과 같은 자료를 얻었습니다.

표 1. 건강 원자료

	인삼 비복용			인삼 복용		
녹용 비복용	0.2	0.6	0.3	0.4	0.6	0.4
	0.2	0.5	0.2	0.5	1.0	0.5
	0.3	0.4	0.4	1.0	0.4	0.8
	0.3	0.3	0.6	0.5	0.8	0.9
녹용 복용	0.3	0.7	0.5	0.9	0.8	0.8
	0.5	0.4	0.5	0.7	1.0	0.9
	0.9	0.2	0.6	0.9	1.0	1.0
	0.2	0.3	0.6	1.0	1.1	1.1

표 1에 제시된 자료에 대해 통계분석을 실시하는 순서를 요약 정리하면 다음과 같습니다.

> 사회과학통계꾸러미(SPSS) 실행 -> 데이터 편집기에 자료 입력 -> 분석 -> 일반선형모형 -> 일변량 -> 독립변수와 종속변수 지정 -> 확인

Ⅳ. 연구결과

[기술통계결과]

녹용과 인삼 복용여부에 따른 건강의 평균과 표준편차를 표 2에 제시

하였습니다.

표 2. 건강의 평균과 표준편차

	인삼 비복용	인삼 복용	전체
녹용 비복용	.35(.14)	.65(.23)	.50(.24)
녹용 복용	.47(.20)	.93(.12)	.70(.28)
전체	.41(.18)	.79(.23)	.60(.28)

표 2에서 보는 바와 같이 녹용 비복용 집단 건강의 평균은 .50, 표준편차는 .24, 녹용 복용 집단 건강의 평균은 .70, 표준편차는 .28, 인삼 비복용 집단 건강의 평균은 .41, 표준편차는 .18, 인삼 복용 집단 건강의 평균은 .79, 표준편차는 .23이었습니다.

[유의통계결과]

집단간 건강 차이가 통계적으로 유의한지를 확인하기 위해 분산분석을 실시하였습니다. 건강에 대한 (일변량 이원)분산분석결과는 표 3과 같습니다.

표 3. 건강에 대한 분산분석

	제곱합	자유도	제곱평균	*분산비*
인삼	1.688	1	1.688	49.888***
녹용	.480	1	.48	14.190***
인삼 × 녹용	.083	1	.083	2.46
오차	1.488	44	.034	
전체	3.74	47		

****확률값*<.001

[유의통계결과]

표 3에서 보는 바와 같이 인삼 복용 여부에 따른 건강차이는 .001수준에서 유의하였습니다[분산비(1, 44)=49.888, 확률값<.001].

[통계해석결과]

따라서 '인삼은 건강을 증진시킬 것이다' 라는 가설은 .001수준에서 지지되었습니다. 즉 '인삼은 건강을 .001수준에서 유의하게 증진시킨다' 라고 할 수 있습니다.

[유의통계결과]

녹용 복용 여부에 따른 건강차이는 .001수준에서 유의하였습니다[분산비(1, 44)=14.190, 확률값.<001].

[통계해석결과]

따라서 '녹용은 건강을 증진시킬 것이다' 라는 가설은 .001수준에서 지지되었습니다. 즉 '녹용은 건강을 .001수준에서 유의하게 증진시킨다' 라고 할 수 있습니다.

[유의통계결과]

건강에 대한 인삼과 녹용의 상호작용은 통계적으로 유의하지 않았습니다[분산비(1, 44)=2.46, 확률값>.05].

[통계해석결과]

[통계적으로 유의하지 않았으므로 통계해석결과는 제시할 수 없습니다.]

만약에

> 인삼×녹용의 상호작용이 통계적으로 유의하였으면, 인삼 복용 여부에 따른 건강 차이가 통계적으로 유의하였더라도 해석을 할 수가 없습니다[주효과해석금지]. 대신 단순효과 분석을 해야 합니다. 또한 원칙적으로 그림도 제시해야 합니다.

7-5. 피험자(집단)간 요인설계 2

[두 집단 × 두 집단](상호작용이 유의한 경우)

Ⅰ. 서론

연구자는 '인삼과 녹용은 건강을 증진시킬 것인가?' 라는 문제에 관심이 있었습니다.

Ⅱ. 이론적 배경

선행연구를 고찰한 후, '인삼과 녹용은 건강을 증진시킬 것이다' 라는 가설을 설정하였습니다.

Ⅲ. 연구방법

대학생들 중에서 48명을 무선표집하여 네 집단에 12명씩 무선할당하였습니다. 그런 후 첫째 집단에게는 녹용 비복용-인삼 비복용을, 둘째 집단에게는 녹용 비복용-인삼 복용, 셋째 집단에게는 녹용 복용-인삼 비복용을, 넷째 집단에게는 녹용 복용-인삼 복용을 하였습니다. 그런 후에 건강을 측정하였습니다. 이 과정을 그림으로 제시하면 다음과 같습니다.

무선표집 48명	무선할당 12명	녹용 비복용-인삼 비복용	측정
	무선할당 12명	녹용 비복용-인삼 복용	
	무선할당 12명	녹용 복용-인삼 비복용	
	무선할당 12명	녹용 복용-인삼 복용	

측정한 결과 표 1과 같은 자료를 얻었습니다.

표 1. 건강 원자료

	인삼 비복용			인삼 복용		
녹용 비복용	0.2	0.6	0.3	0.9	0.8	0.8
	0.2	0.5	0.2	0.7	1.0	0.9
	0.3	0.4	0.4	0.9	1.0	1.0
	0.3	0.3	0.6	1.0	1.1	1.1
녹용 복용	0.3	0.7	0.5	0.4	0.6	0.4
	0.5	0.4	0.5	0.5	1.0	0.5
	0.9	0.2	0.6	1.0	0.4	0.8
	0.2	0.3	0.6	0.5	0.8	0.9

표 1에 제시한 자료에 대해 통계분석을 실시하는 순서를 요약 정리하면 다음과 같습니다.

사회과학통계꾸러미(SPSS) 실행 -> 데이터 편집기에 자료 입력 -> 분석 -> 일반선형모형 -> 일변량 -> 독립변수와 종속변수 지정 -> 확인

Ⅳ. 연구결과

[기술통계결과]

인삼과 녹용 복용여부에 따른 건강의 평균과 표준편차를 표 2에 제시

하였습니다.

표 2. 건강의 평균과 표준편차

	인삼 비복용	인삼 복용	전체
녹용 비복용	.35(.14)	.65(.23)	.50(.24)
녹용 복용	.47(.20)	.65(.23)	.56(.23)
전체	.41(.18)	.79(.23)	.60(.28)

표 2에서 보는 바와 같이 녹용 비복용 집단의 평균은 .64, 표준편차는 .32, 녹용 복용 집단 건강의 평균은 .56, 표준편차는 .23이었습니다. 인삼 비복용의 평균은 .41, 표준편차는.18, 인삼 복용의 평균은 .79, 표준편차는 .23이었습니다.

[유의통계결과]

집단간 건강 차이가 통계적으로 유의한지를 확인하기 위해 분산분석을 실시하였습니다. 인삼과 녹용 복용에 따른 건강에 대한 분산분석결과는 표 3과 같습니다.

표 3. 건강에 대한 분산분석

	제곱합	자유도	제곱평균	*분산비*
인삼	1.688	1	1.688	49.888***
녹용	.083	1	.083	2.464
녹용 × 인삼	.480	1	.480	14.190***
오차	1.488	44	.034	
전체	3.74	47		

***확률값<.001

표 3에서 보는 바와 같이 건강에 대한 녹용과 인삼의 상호작용은 .001 수준에서 유의하였습니다[분산비(1, 44)=14.190, 확률값<.001].

[통계해석결과]

따라서 '녹용은 인삼 복용 여부에 따라서 건강에 .001수준에서 다른 영향을 미친다' 라고 할 수 있습니다.

가능한 다른 해석

1. 따라서 '인삼은 녹용 복용 여부에 따라서 건강에 .001수준에서 다른 영향을 미친다' 라고 할 수 있습니다.
2. 따라서 '인삼과 녹용은 .001수준에서 건강에 상호작용적으로 영향을 미친다' 라고 할 수 있습니다.

주의

녹용과 인삼의 상호작용이 유의하였음으로 인삼이나 녹용 복용 여부에 따른 건강의 차이에 대해서는 해석을 하지 않습니다. [상호작용이 유의하면 주효과해석금지]. 대신에 단순효과 분석을 합니다.

[유의통계결과]

그래서 단순효과 분석을 한 결과가 표 4에 있습니다.

표 4. 건강에 대한 사후검증(단순효과)

	제곱합	자유도	제곱평균	*분산비*
B[인삼] @ a2[녹용 비복용]	1.983	1	1.983	58.646 ***
B[인삼] @ a1[녹용 복용]	.183	1	.183	5.432 *
A[녹용] @ b2[인삼 비복용]	.081	1	.081	2.414
A[녹용] @ b1[인삼 복용]	.481	1	.481	14.240 ***

**확률값*<.05, ****확률값*<.001

[유의통계결과]

표 4에서 보는 바와 같이, 녹용을 복용하지 않는 경우, 인삼 복용에 따른 건강의 차이는 .001수준에서 유의하였습니다[분산비(1, 44)=58.646, 확률값<.001].

[통계해석결과]

따라서 녹용을 복용하지 않는 경우, '인삼 복용은 건강을 .001수준에서 유의하게 높인다' 고 할 수 있습니다.

[유의통계결과]

표 4에서 보는 바와 같이, 녹용을 복용한 경우 인삼 복용 여부에 따른 건강의 차이는 .05수준에서 유의하였습니다[분산비(1, 44)=5.432, 확률값 <.05].

[통계해석결과]

따라서 녹용을 복용한 경우, '인삼 복용은 건강을 .05수준에서 유의하게 높인다' 고 할 수 있습니다.

[유의통계결과]

표 4에서 보는 바와 같이, 인삼을 복용하지 않는 경우 녹용 복용에 따른 건강 차이는 통계적으로 유의하지 않았습니다[분산비(1, 44)=2.414, 확률값>.05].

[통계해석결과]

[차이가 통계적으로 유의하지 않았으므로 통계해석결과는 제시할 수 없습니다].

[유의통계결과]

표 4에서 보는 바와 같이, 인삼을 복용한 경우, 녹용 복용 여부에 따른 건강의 차이는 .001수준에서 유의하였습니다[분산비(1, 44)=14.240, 확률값<.001].

[통계해석결과]

따라서 인삼을 복용한 경우, '녹용 복용은 .001수준에서 건강을 해친다' 고 할 수 있습니다.

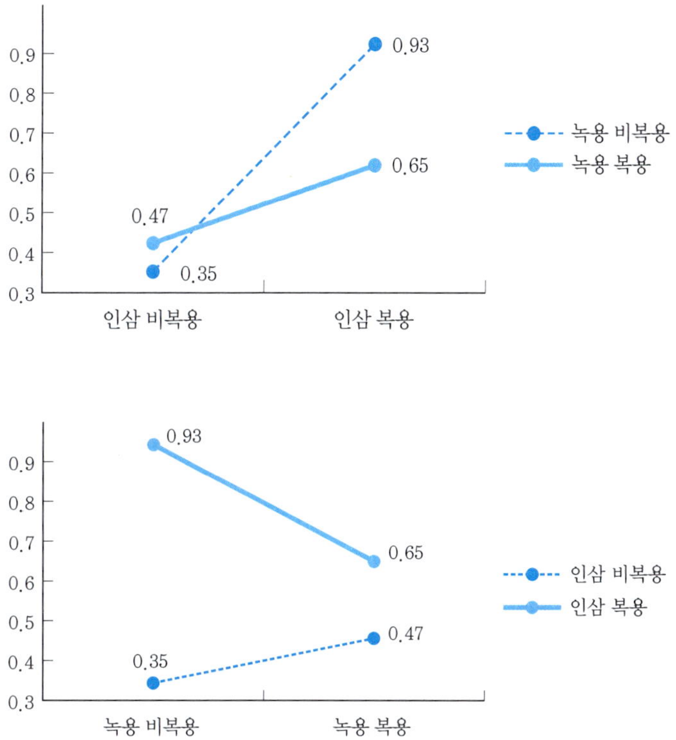

그림 1. 건강에 대한 상호작용

그림 제시

2요인 설계의 경우, 원칙적으로 그림을 두 개 제시합니다. 요인 1을 가로축에 놓고 그림 하나를 제시하고, 요인 2를 가로축에 놓고 그림 하나를 제시하는 것이 원칙입니다. 특히 상호작용이 유의하였을 때에는 반드시 그림 두 개를 제시해야 합니다.

2. 피험자내 반복측정(수준간) 설계

7-6. 피험자내 반복측정(두 수준) 설계

Ⅰ. 서론

연구자는 「'마' 맥주와 '머' 맥주 중 어느 맥주의 맛이 더 좋은가?」에 관심이 있었습니다.

Ⅱ. 이론적 배경

선행 연구를 고찰한 후 「'머' 맥주에 대한 선호도가 높을 것이다」라는 가설을 설정하였습니다.

Ⅲ. 연구방법

대학생 16명을 대상으로 순서를 균형화하여 마맥주와 머맥주를 번갈아 마시게 하고 각각 맛을 평가하게 하였습니다. 이 때 주의할 점은 마맥주를 먼저 마시는 사람과 머맥주를 먼저 마시는 사람 수가 원칙적으로 동일하고, 무선할당되어야 한다는 점입니다. 순서를 균형화하여 번갈아 마시게 한 맥주 선호도 원자료를 표 8에 제시하였습니다. 이를 다시 맥주별 선호도로 변환한 내용을 표 9에 제시하였습니다.

표 8. 순서균형화 맥주 선호도 원자료
(일차시음 내에서도 다시 무선화해야 함)

피험자	일차시음	이차시음
1	마(=10)	머(=20)
2	머(=30)	마(=18)
3	마(=20)	머(=25)
4	머(=25)	마(=12)
5	마(=18)	머(=25)
6	머(=13)	마(=20)
7	마(=20)	머(=11)
8	머(=15)	마(=20)
9	마(=15)	머(=27)
10	머(=19)	마(=13)
11	마(=30)	머(=26)
12	머(=25)	마(=15)
13	마(=20)	머(=20)
14	머(=10)	마(=30)
15	마(=18)	머(=30)
16	머(=17)	마(=21)

각 피험자에 해당되는 '마' 맥주 선호도와 '머' 맥주 선호도로 정리합니다.

표 9. 맥주별 선호도

피험자	마맥주－머맥주	
1	10	20
2	18	30
3	20	25
4	12	25
5	18	25
6	20	13
7	20	11
8	20	15
9	15	27
10	13	19
11	30	26
12	15	25
13	20	20
14	30	10
15	18	30
16	21	17

표 9에 제시된 선호도에 대해 통계분석을 실시하는 순서를 요약 정리하면 다음과 같습니다.

> 사회과학통계꾸러미(SPSS) 실행 -> 데이터 편집기에 자료 입력 -> 분석 -> 일반선형모형 -> 반복측정 -> 독립변수 수준 지정 -> 주효과비교/기술통계량 -> 확인

Ⅳ. 연구결과

[기술통계결과]

'마' 맥주와 '머' 맥주에 대한 대학생들의 선호도의 평균과 표준편차를

표 10에 제시하였습니다.

표 10. 선호도의 평균과 표준편차

	마맥주	머맥주
선호도	18.75(5.49)	21.23(6.48)

표 10에서 보는 바와 같이, 마맥주에 대한 선호도의 평균은 18.75, 표준편차는 5.49, 머맥주에 대한 선호도 평균은 21.23, 표준편차는 6.48입니다.

[유의통계결과]

수준간 선호도 차이가 통계적으로 유의한지를 확인하기 위해 반복측정 분산분석을 실시하였습니다. 맥주 종류에 따른 선호도에 대한 반복측정(두 수준)분산분석결과는 표 11과 같습니다.

표 11. 선호도에 대한 반복측정 분산분석

	제곱합	자유도	제곱평균	분산비
맥주 종류(A)	45.13	1	45.13	.96
개체 간(S)	376.68	15	25.13	
오차(A×S)	703.88	15	46.93	
전체	1125.69	31		

표 11에서 보는 바와 같이 맥주 종류에 따른 선호도 차이는 통계적으로 유의하지 않습니다[분산비(1, 15)=.96, 확률값=.342>.05].

[통계해석결과]

[차이가 통계적으로 유의하지 않았으므로 통계해석결과는 제시할 수 없습니다.]

만약에

차이가 유의하지 않다고 해서 '~~선호도 차이는 없었다~~' 라고 하거나 '~~선호도는 같았다~~' 라고 하면 완전히 엉터리 논문이 됩니다. '통계적으로 유의하지 않았다' 로 모든 것이 끝입니다. 통계해석결과를 제시할 수 없습니다. 만약에 분산분석에서 차이가 통계적으로 유의하였으면 '머' 맥주에 대한 선호도가 통계적으로 유의하게 높다고 할 수 있다는 통계해석결과를 제시할 수 있습니다.

V. 논의 및 결론

7-7. 피험자내 반복측정(세 수준) 설계

Ⅰ. 서론

연구자는「'마' 맥주, '머' 맥주, '모' 맥주에 대한 선호도는 어떨 것인가?」라는 문제에 관심이 있었습니다.

Ⅱ. 이론적 배경

선행연구를 고찰한 후,「'마' 맥주 ', '머' 맥주, '모' 맥주에 대한 선호도가 다를 것이다」라는 가설을 설정하였습니다.

Ⅲ. 연구방법

대학생 18명을 대상으로 마맥주, 머맥주, 모맥주를 번갈아 마시게 하고 각각 맛을 평가하게 하였습니다. 이 때 주의할 점은 마맥주를 먼저 마시는 사람과 머맥주를 먼저 마시는 사람과 모맥주를 먼저 마시는 사람의 수가 원칙적으로 동일하고, 둘째 마시는 사람의 수도 각각 동일하고, 당연히 셋째 마시는 사람의 수도 각각 동일하며, 무선할당(순서균형화)되어야 한다는 점입니다. 순서를 균형화한 맥주 선호도 원자료를 표 1에 제시하였습니다. 이를 다시 맥주별 선호도로 변환한 내용을 표 2에 제시하였습니다.

표 1. 순서균형화 맥주 선호도 원자료

(일차시음 내에서도 다시 무선화해야 함)

피험자	일차시음	이차시음	삼차시음
1	마(=30)	머(=21)	모(=11)
2	마(=28)	모(=11)	머(=12)
3	머(=20)	마(=27)	모(=18)
4	머(=18)	모(=18)	마(=28)
5	모(=11)	마(=26)	머(=11)
6	모(=10)	머(=13)	마(=27)
7	마(=28)	머(=17)	모(=15)
8	마(=27)	모(=10)	머(=14)
9	머(=14)	마(=30)	모(=14)
10	머(=17)	모(=15)	마(=22)
11	모(=11)	마(=28)	머(=17)
12	모(=10)	머(=14)	마(=29)
13	마(=30)	머(=13)	모(=10)
14	마(=23)	모(=17)	머(=13)
15	머(=10)	마(=27)	모(=14)
16	머(=19)	모(=13)	마(=19)
17	모(=13)	마(=26)	머(=11)
18	모(=13)	머(=19)	마(=27)

* 각 피험자에 해당되는 '마' 맥주 선호도, '머' 맥주 선호도, '모' 맥주 선호도로 정리합니다.

표 2. 맥주별 선호도

피험자	마맥주	머맥주	모맥주
1	30	21	11
2	28	12	11
3	27	20	18
4	28	18	18
5	26	11	11
6	27	13	10
7	28	17	17
8	27	14	10
9	30	14	14
10	22	17	15
11	28	17	11
12	29	14	10
13	30	13	10
14	23	13	17
15	27	10	14
16	19	19	13
17	26	11	13
18	27	19	13

표 2에 제시된 자료에 대해 통계분석을 실시하는 순서를 요약 정리하면 다음과 같습니다.

> 사회과학통계꾸러미(SPSS) 실행 -> 데이터 편집기에 자료 입력 -> 분석 -> 일반선형모형 -> 반복측정 -> 독립변수 수준 지정 -> 주효과비교/기술통계량 -> 오차 막대 그래프 -> 확인

Ⅳ. 연구결과

[기술통계결과]

'마' 맥주, '머' 맥주, '모' 맥주에 대한 대학생들의 선호도의 평균과 표준편차를 표 3에 제시하였습니다.

표 3. 선호도의 평균과 표준편차

	마맥주	머맥주	모맥주
선호도	26.78(2.88)	15.17(3.38)	13.11(2.87)

표 3에서 보는 바와 같이, 마맥주에 대한 선호도의 평균은 26.78, 표준편차는 2.88, 머맥주에 대한 선호도 평균은 15.17, 표준편차는 3.38, 모맥주에 대한 선호도 평균은 13.11, 표준편차는 2.87입니다.

[유의통계결과]

수준간 선호도 차이가 통계적으로 유의한지를 확인하기 위해 반복측정 분산분석을 실시하였습니다. 선호도에 대한 분산분석결과는 표 4와 같습니다.

표 4. 선호도에 대한 반복측정 분산분석

	제곱합	자유도	제곱평균	분산비
맥주 종류(A)	1954.93	2	977.46	105.48***
개체 간(S)	160.32	17	9.43	
오차(A×S)	315.07	34	9.27	
전체	2430.32	53		

***확률값<.001

표 4에서 보는 바와 같이 맥주 종류에 따른 선호도 차이는 .001수준에서 유의하였습니다[분산비(2, 34)=105.48, 확률값=.000<.001].

[통계해석결과]

따라서 맥주 종류에 따른 선호도 차이는 .001수준에서 유의하다고 할 수 있습니다.

만약에

> 차이가 통계적으로 유의하지 않다고 해서 '~~선호도 차이는 없었다~~' 라고 하거나 '~~선호도는 같았다~~' 라고 하면 완전히 엉터리 논문이 됩니다. '통계적으로 유의하지 않았다' 로 모든 것이 끝입니다. 통계해석결과를 제시할 수 없습니다.

만약에

> 세 수준 이상의 경우, 기술통계결과와 유의통계결과만으로 통계해석결과를 제시할 수는 없습니다. 구체적으로 어느 맥주의 선호도와 어느 맥주의 선호도 차이가 통계적으로 유의한지를 확인하여야 통계해석결과를 제시할 수 있습니다.
>
> 사후 검증의 경우에는, 별도로 기술통계결과를 제시할 필요가 없습니다. 왜냐하면 이미 앞에서 제시하였기 때문입니다.

[유의통계결과]

구체적으로 어느 맥주의 맛이 우수한지를 알아보기 위한 사후검증을 한 결과가 표 5에 제시되어 있습니다.

표 5. 맥주 선호도에 대한 사후검증

	마맥주	머맥주	모맥주
마맥주	–	11.61***	13.67***
머맥주		–	2.06*
모맥주			–

*확률값<.05, ***확률값<.001

표 5에서 보는 바와 같이 대학생들은 마맥주 선호도와 머맥주 선호도의 차이는 11.61로서 .001 수준에서 유의하였습니다[확률값<.001].

[통계해석결과]

따라서 대학생들의 마맥주 선호도는 머맥주 선호도보다 .001수준에서 유의하게 더 높다고 할 수 있습니다.

혹은

'대학생들은 머맥주보다 마맥주를 .001수준에서 유의하게 더 좋아한다고 할 수 있습니다' 라고 해도 됩니다.

[유의통계결과]

표 5에서 보는 바와 같이 대학생들은 마맥주 선호도와 모맥주 선호도의 차이는 13.67로서 .001수준에서 유의하였습니다[확률값<.001].

[통계해석결과]

따라서 대학생들의 마맥주 선호도는 모맥주 선호도보다 .001수준에서 유의하게 더 높다고 할 수 있습니다.

[유의통계결과]

표 5에서 보는 바와 같이 대학생들은 머맥주 선호도와 모맥주 선호도의 차이는 2.06으로서 .05수준에서 유의하였습니다[확률값<.05].

[통계해석결과]

따라서 대학생들의 머맥주 선호도는 모맥주 선호도보다 .05수준에서 유의하게 더 높다고 할 수 있습니다.

V. 논의 및 결론

제8장

상관실험법

Ⅰ. 서론

연구자는 '혈압강하제 투여량을 높일수록 최저혈압 170인 환자들의 혈압은 더 많이 강하할 것인가?' 라는 문제에 관심이 있었습니다.

Ⅱ. 이론적 배경

선행연구를 고찰한 후, '혈압강하제 투여량을 높일수록 최저혈압 170인 환자들의 혈압은 더 많이 강하할 것이다' 라는 가설을 설정하였습니다.

Ⅲ. 연구방법

최저혈압 170인 환자들을 대상으로 혈압강하제를 한 알, 두 알, 세 알... 열 알을 투여하였습니다. 100일간 투여한 후, 환자들의 혈압을 측정하였습니다. 측정한 결과 표 1과 같은 자료를 얻었습니다.

표 1. 혈압강하제 투여량과 혈압의 원자료

혈압강하제 투여량	혈압	혈압강하제 투여량	혈압
1	160	6	135
1	155	6	130
1	150	6	125
2	155	7	130
2	150	7	125
2	145	7	120
3	150	8	125
3	145	8	120
3	140	8	115
4	145	9	120
4	140	9	115
4	135	9	110
5	140	10	115
5	135	10	110
5	130	10	105

표 1에 제시한 자료에 대해 통계분석을 실시하는 순서를 요약 정리하면 다음과 같습니다.

사회과학통계꾸러미(SPSS) 실행 -> 데이터 편집기에 자료 입력 -> 분석 -> 상관분석 -> 이변량 상관계수 -> Pearson(N)을 선택 -> 확인

Ⅳ. 연구결과

[기술통계결과]

'혈압강하제 투여량과 혈압강하량' 의 상관은 .962이었습니다.

[유의통계결과]

.962의 상관이 통계적으로 유의한지를 확인하였습니다. '혈압강하제 투

여량과 혈압강하량' 간의 상관계수 .962는 .001수준에서 유의하였습니다.

[통계해석결과]

즉, '혈압강하제 투여량과 혈압강하량' 간의 상관은 .001수준에서 유의하였습니다. 따라서 '혈압강하제 투여량을 높일수록 .001수준에서 혈압이 더 많이 내려간다' 고 할 수 있습니다.

제9장

단순기술법

9-1. 평균과 산포도

Ⅰ. 서론

연구자는 '정현이네 반 학생들과 현아네 반 학생들의 지난 한 달 동안 사용한 핸드폰 요금' 에 대해 관심이 있었습니다.

Ⅱ. 이론적 배경

실증적 자료를 수집하기로 하였습니다.

Ⅲ. 연구방법

정현이네 반 학생들과 현아네 반 학생들의 한 달 동안의 핸드폰 요금을 표 1에 제시하였습니다.

표 1. 월별에 따른 핸드폰 요금(천원 단위)

학생번호	정현	현아
1	55	80
2	48	73
3	70	54
4	65	88
5	32	68
6	45	90
7	60	87
8	50	85
9	80	83
10	70	87
11	60	92
12	40	87

표 1에 제시한 자료에 대해 평균과 산포도를 구하는 순서를 요약 정리하면 다음과 같습니다.

사회과학통계꾸러미(SPSS) 실행 -> 데이터 편집기에 자료 입력 -> 분석 -> 기술통계량 -> 기술통계 -> 변수 이동 -> 옵션(평균, 표준편차, 최소값, 최대값, 변수목록) -> 확인

Ⅳ. 연구결과

[기술통계결과]

정현이네 반 학생들과 현아네 반 학생들의 한 달 동안 사용한 핸드폰 요금의 평균과 산포도(표준편차, 분산, 최소값, 최대값)를 표 2에 제시하였습니다.

표 2. 핸드폰 요금의 평균과 산포도

	학생 수	평균(표준편차)	분산	최소값	최대값
정현	12	56.25(13.93)	194.04	32	80
현아	12	81.17(11.04)	121.88	54	92

표 2에서 보는 바와 같이, 정현이네 반 학생들의 핸드폰 요금 평균은 56.25, 표준편차는 13.93이고, 현아네 반 학생들의 핸드폰 요금 평균은 81.17, 표준편차는 11.04입니다.

만약에

분산을 ‘~~변량~~’이라고 하면 완전히 엉터리 논문이 됩니다. 1장의 용어선택을 참고하십시오.

단순기술법이란

선행연구에 의한 이론적 배경도 없고, 평균이나 빈도에 대한 기대도 없고, 모집단에 대한 사전 정보도 유용하지 않고 문자 그대로 어떠한지를 단순히 알아보고, 알아본 내용을 기술하는 연구입니다. 때로는 선행연구에서 어떤 가능성도 발견할 수 없었을 때, 즉 완전히 첫 연구라는 태도로 임하는 연구입니다. 다른 연구 설계에서도 기본적으로 기술통계결과를 가장 먼저 제시합니다. 물론, 대부분의 고급연구들은 이어서 모수 통계를 제시하며 중급연구에서는 비모수 통계를 제시합니다. 이런 면에서 단순기술 연구는 초급연구라고 할 수 있습니다.

V. 논의 및 결론

9-2. 중심경향성

Ⅰ. 서론

연구자는 대학교 심리학과 1학년 학생들의 '인지심리학', '발달심리학', '상담심리학' 성적에 관심이 있었습니다. '인지심리학', '발달심리학', '상담심리학'의 성적이 어떠한지를 알아보기로 했습니다.

Ⅱ. 이론적 배경

실증적 자료를 수집하기로 하였습니다.

Ⅲ. 연구방법

학생들의 과목별 성적을 표 1에 제시하였습니다.

표 1. 학생들의 과목별 성적

학생	인지심리학	발달심리학	상담심리학
1	95	90	84
2	91	85	97
3	97	95	98
4	72	83	75
5	92	87	99
6	72	80	99
7	90	71	99
8	81	83	99
9	72	99	99
10	96	90	93
11	87	73	96
12	60	78	82

표 1에 제시한 자료에 대해 평균과 빈도, 최빈값 등을 구하는 순서를 요약 정리하면 다음과 같습니다.

사회과학통계꾸러미(SPSS) 실행 -> 데이터 편집기에 자료 입력 -> 분석 -> 기술통계량 -> 빈도분석 -> 통계량 -> 도표 -> 형식 -> 확인

Ⅳ. 연구결과

'인지심리학' 에 대한 대학생들의 점수 빈도를 표 2에 제시하였습니다.

표 2. 인지심리학 성적의 빈도와 퍼센트

과목	점수	빈도	퍼센트
인지심리학	60	1	8.3
	73	1	8.3
	81	1	8.3
	83	2	16.7
	85	1	8.3
	90	1	8.3
	91	1	8.3
	92	1	8.3
	95	1	8.3
	96	1	8.3
	97	1	8.3
	합계	12	100

그러나

빈도분석의 기술통계는 다른 분석을 위한 준비과정이므로 논문에는 필요한 부분만 제시합니다.

표 3. 인지심리학, 발달심리학, 상담심리학 성적의 평균과 최빈값

	인지심리학	발달심리학	상담심리학
평균	85.42	84.50	93.25
최빈값	82	83a	99a

주. a. 여러 최빈값이 있습니다. 가장 작은 값이 나타납니다.

표 3에서 보는 바와 같이, 인지심리학 성적의 평균은 85.42, 최빈값은 82이며, 발달심리학 성적의 평균은 84.50, 최빈값은 83, 상담심리학 성적의 평균은 93.25, 최빈값은 99입니다. 각 과목의 평균값을 비교해보면 상담심리학 성적의 평균이 가장 높았습니다.

만약에

"과거형인 높았다"를 "~~높다고 할 수 있다~~는 명제형"으로 진술하면 큰일 납니다. 과거형은 단순히 기술하는 것이지만 명제형은 "높았다는 사실을 근거로 하여" 명제 즉 "높다는 법칙"을 말하는 것입니다. 명제형으로 말하려면 분산분석 정도는 거쳐야 합니다.

여기서의

빈도 단순기술은 대부분의 중급 통계연구에서 말하는 빈도분석의 기본이 됩니다. 대부분의 논문에서는 빈도분석에 대해 약간 더 높은 수준의 통계를 활용합니다.

V. 논의 및 결론

제10장

집단비교법

10-1. 두 집단 비교

Ⅰ. 서론

한 연구자는 '심리학에 대한 남녀 대학생들의 호감도는 어떠한가?' 라는 문제에 관심이 있었습니다.

Ⅱ. 이론적 배경

선행연구를 고찰한 후, '남학생들이 여학생들보다 심리학에 대해 더 많은 호감을 가지고 있을 것이다' 라는 가설을 설정하였습니다.

Ⅲ. 연구방법

대학생들 중에서 남학생 15명, 여학생 15명을 무선표집하였습니다. 그런 후에 심리학에 대한 호감도를 측정하였습니다. 이 과정을 그림으로 제시하면 다음과 같습니다.

남학생 15명 무선표집	측정
여학생 15명 무선표집	

측정한 결과 표 1과 같은 자료를 얻었습니다.

표 1. 심리학 호감도의 원자료

남학생		여학생	
1.0	1.2	.3	.6
1.1	1.5	.5	.5
1.3	1.4	.9	.4
1.5	1.7	.2	.3
1.8	1.8	.7	.3
1.2	1.6	.4	.2
1.4	1.7	.2	.4
1.3		.3	

자료에 대해 통계분석(평균, 표준편차, 분산분석)을 실시하는 순서를 요약 정리하면 다음과 같습니다.

사회과학통계꾸러미(SPSS) 실행 -> 첫 화면 데이터 편집기에 자료 입력 -> 분석 -> 평균 비교 -> 일원배치 분산분석 -> 분류 예언(독립)변수와 준거(종속)변수 선택 -> 확인

Ⅳ. 연구결과

[기술통계결과]

남학생과 여학생의 심리학에 대한 호감도의 평균과 표준편차를 표 2에 제시하였습니다.

표 2. 심리학 호감도의 평균과 표준편차

	남학생(인원수=15)	여학생(인원수=15)
호감도	1.43(.25)	.41(.20)

표 2에서 보는 바와 같이 남학생의 심리학에 대한 호감도의 평균은 1.43, 표준편차는 .25, 여학생들의 심리학에 대한 호감도의 평균은 .41, 표준편차는 .20이었습니다.

[유의통계결과]

집단간 호감도 차이가 통계적으로 유의한지를 확인하기 위해 분산분석을 실시하였습니다. 호감도에 대한 분산분석결과는 표 3과 같습니다.

표 3. 심리학 호감도에 대한 분산분석

	제곱합	자유도	제곱평균	분산비
성별	7.8	1	7.8	150.61***
오차	1.45	28	.005	
전체	9.25	29		

***확률값<.001

표 3에서 보는 바와 같이 심리학에 대한 호감도의 남녀간 차이는 .001 수준에서 유의하였습니다[분산비(1, 28)=150.61, 확률값<.001].

[통계해석결과]

즉 '남학생들이 여학생들보다 심리학에 대해 더 많은 호감을 가지고 있을 것이다' 라는 가설은 .001수준에서 지지되었습니다. 따라서 '남학생들이 여학생들보다 심리학에 대해 .001수준에서 유의하게 더 많은 호감을 가지고 있다' 라고 할 수 있습니다.

만약에

확률값이 .06이면, 즉 내 연구의 확률값이 .05보다 크면 "표 3에서 보는 바와 같이 심리학에 대한 호감도의 남녀간 차이는 통계적으로 유의하지 않았습니다[분산비(1, 28)=3.00, 확률값>.05]. 즉 '남학생들이 여학생들보다 심리학에 대해 더 많은 호감을 가지고 있을 것이다' 라는 가설은 기각되었습니다"가 됩니다. 이때, '~~차이가 없다~~', '~~남학생과 여학생의 심리학에 대한 호감도는 같다~~' 라고 하면 완전히 엉터리 논문이 됩니다.

만약에

'~~남학생이기 때문에 심리학에 대한 호감도가 높다~~' 라고 해도 역시 완전히 엉터리 논문이 됩니다. 비실험법은 인과를 말할 수 없기 때문입니다.

V. 논의 및 결론

10-2. 세 집단 비교

I. 서론

연구자는 '출신지역에 따른 대학생들의 개방성' 에 관심이 있었습니다.

II. 이론적 배경

선행연구를 고찰한 후 '출신지역에 따라 대학생들의 개방성이 다를 것이다' 라는 가설을 세웠습니다.

Ⅲ. 연구방법

포항출신 대학생 15명, 대구출신 대학생 15명, 경주출신 대학생 15명을 무선표집하여 개방성을 측정하였습니다. 이 과정을 그림으로 제시하면 다음과 같습니다.

포항출신 15명 무선표집	측정
대구출신 15명 무선표집	
경주출신 15명 무선표집	

측정한 결과 표 1과 같은 자료를 얻었습니다.

표 1. 개방성의 원자료

포항출신		대구출신		경주출신	
1.0	1.2	.9	.9	.3	.6
1.1	1.5	1.0	1.1	.5	.5
1.3	1.4	1.2	1.2	.9	.4
1.5	1.7	1.2	1.3	.2	.3
1.8	1.8	1.5	1.4	.7	.3
1.2	1.6	.9	1.3	.4	.2
1.4	1.7	1.1	1.4	.2	.4
1.3		1.1		.3	

표 1에 제시한 자료에 대해 통계분석(평균, 표준편차, 분산분석, 사후검증)을 실시하는 순서를 요약 정리하면 다음과 같습니다.

> 사회과학통계꾸러미(SPSS) 실행 -> 데이터 편집기에 자료 입력 -> 분석 -> 평균 비교 -> 일원배치 분산분석 -> 예언(독립)변수와 준거(종속)변수 선택 -> 확인

Ⅳ. 연구결과

[기술통계결과]

포항출신, 대구출신, 경주출신 대학생들의 개방성의 평균과 표준편차를 표 2에 제시하였습니다.

표 2. 개방성의 평균과 표준편차

	포항출신(인원수=15)	대구출신(인원수=15)	경주출신(인원수=15)
개방성	1.43(.25)	1.17(.19)	.41(.20)

표 2에서 보는 바와 같이 포항출신 대학생의 개방성의 평균은 1.43, 표준편차는 .25, 대구출신 대학생의 개방성의 평균은 1.17, 표준편차는 .19, 경주출신 대학생의 개방성의 평균은 .41, 표준편차는 .20이었습니다.

순서

처음 개방성을 측정할 때에는 대구, 포항, 경주 순서였더라도 개방성의 정도에 따라 순서대로 정리하는 것이 원칙입니다.

[유의통계결과]

수준간 개방성 차이가 통계적으로 유의한지를 확인하기 위해 분산분석을 실시하였습니다. 개방성에 대한 분산분석결과는 표 3과 같습니다.

표 3. 개방성에 대한 분산분석

	제곱합	자유도	제곱평균	분산비
출신지역	8.40	2	4.20	89.76***
오차	1.96	42	.047	
전체	10.36	44		

***확률값<.001.

표 3에서 보는 바와 같이 출신지역에 따른 차이는 .001수준에서 유의하였습니다[분산비(2, 42)=89.76, 확률값<.001].

[통계해석결과]

따라서 개방성은 지역에 따라 .001수준에서 유의하게 다르다고 할 수 있습니다.

만약에

표 3에서 출신지역간의 차이가 통계적으로 유의하지 않았으면 더 이상 통계처리도 할 수 없고, 해석도 할 수 없습니다. 즉 "통계적으로 유의하지 않았습니다"에서 모든 것이 끝났습니다. 이때 '~~차이가 없었다~~'거나, '~~대구출신, 포항출신, 경주출신 대학생들의 개방성은 같다~~'라고 하면 완전히 엉터리 논문이 됩니다.

[사후검증결과]

구체적으로 어느 지역 간의 차이가 유의한지를 알아보기 위한 사후검증 결과를 표 4에 제시하였습니다.

표 4. 개방성에 대한 사후검증

	포항출신	대구출신	경주출신
포항출신	–	.27**	1.02***
대구출신		–	.75***
경주출신		–	

**확률값<.01. ***확률값<.001.

[사후검증해석결과]

표 4에서 보는 바와 같이 '포항출신 대학생은 대구출신 대학생보다 .01

수준에서 개방성이 더 높다' 라고 할 수 있습니다[확률값<.01]. 또 '대구출신 대학생은 경주출신 대학생보다 .001수준에서 개방성이 더 높다' 고 할 수 있습니다[확률값<.001]. 당연히 '포항출신 대학생은 경주출신 대학생보다 .001수준에서 개방성이 더 높다' 라고 할 수 있습니다[확률값<.001].

Ⅴ. 논의 및 결론

10-3. 집단비교 요인설계 1

[두 집단 × 두 집단](상호작용이 유의하지 않는 경우)

Ⅰ. 서론

연구자는 '대학생들의 심리학에 대한 호감도는 경제적 수준과 남녀에 따라 다를 것인가?' 라는 문제에 대해 관심이 있었습니다.

Ⅱ. 이론적 배경

선행연구를 고찰한 후, '심리학에 대한 호감도는 경제적 수준과 남녀에 따라 다를 것이다' 라는 가설을 설정하였습니다.

Ⅲ. 연구방법

대학생들 중에서 경제적 수준 상 남자 12명, 경제적 수준 하 남자 12명, 경제적 수준 상 여자 12명, 경제적 수준 하 여자 12명을 무선표집하였습니다. 그런 후에 심리학에 대한 호감도를 측정하였습니다. 이 과정을 그림으로 제시하면 다음과 같습니다.

무선표집 48명	무선할당 12명	남자 경제적 수준 하	측정
	무선할당 12명	남자 경제적 수준 상	
	무선할당 12명	여자 경제적 수준 하	
	무선할당 12명	여자 경제적 수준 상	

측정한 결과 표 1과 같은 자료를 얻었습니다.

표 1. 심리학 호감도 원자료

	경제적 수준 하			경제적 수준 상		
남자	0.2	0.6	0.3	0.4	0.6	0.4
	0.2	0.5	0.2	0.5	1.0	0.5
	0.3	0.4	0.4	1.0	0.4	0.8
	0.3	0.3	0.6	0.5	0.8	0.9
여자	0.3	0.7	0.5	0.9	0.8	0.8
	0.5	0.4	0.5	0.7	1.0	0.9
	0.9	0.2	0.6	0.9	1.0	1.0
	0.2	0.3	0.6	1.0	1.1	1.1

표 1에 제시된 자료에 대해 통계분석을 실시하는 순서를 요약 정리하면 다음과 같습니다.

> 사회과학통계꾸러미(SPSS) 실행 -> 데이터 편집기에 자료 입력 -> 분석 -> 일반선형모형 -> 일변량 -> 독립변수와 종속변수 지정 -> 확인

Ⅳ. 연구결과

[기술통계결과]

성별과 경제적 수준의 차이에 따른 심리학 호감도 평균과 표준편차를 표 2에 제시하였습니다.

표 2. 심리학 호감도의 평균과 표준편차

	경제적 수준 하	경제적 수준 상	전체
남자	.35(.14)	.65(.23)	.50(.24)
여자	.47(.20)	.93(.12)	.70(.28)
전체	.41(.18)	.79(.23)	.60(.28)

표 2에서 보는 바와 같이 남자의 심리학 호감도 평균은 .50, 표준편차는 .24, 여자의 심리학 호감도 평균은 .70, 표준편차는 .28이었습니다. 경제적 수준 하 집단의 심리학 호감도 평균은 .41, 표준편차는 .18, 경제적 수준 상 집단의 심리학 호감도 평균은 .79, 표준편차는 .23이었습니다.

[유의통계결과]

집단간 심리학 호감도 차이가 통계적으로 유의한지를 확인하기 위해 분산분석을 실시하였습니다. 심리학 호감도에 대한 (일변량 이원)분산분석결과는 표 3과 같습니다.

표 3. 심리학 호감도에 대한 분산분석

	제곱합	자유도	제곱평균	*분산비*
경제적 수준	1.688	1	1.688	49.888 ***
성별	.480	1	.48	14.190 ***
경제적 수준 × 성별	.083	1	.083	2.46
오차	1.488	44	.034	
전체	3.74	47		

*** *확률값*<.001

[유의통계결과]

표 3에서 보는 바와 같이 경제적 수준에 따른 심리학 호감도의 차이는 .001수준에서 유의하였습니다[분산비(1, 44)=49.888, 확률값<.001].

[통계해석결과]

따라서 경제적 수준 상의 대학생들은 경제적 수준 하의 대학생들보다 심리학 호감도가 .001수준에서 유의하게 높다고 할 수 있습니다.

[유의통계결과]

성별에 따른 심리학 호감도 차이는 .001수준에서 유의하였습니다.[분산비(1, 44)=14.190, 확률값<.001].

[통계해석결과]

따라서 여학생들의 심리학 호감도는 남학생들의 심리학 호감도보다 .001수준에서 더 높다고 할 수 있습니다.

[유의통계결과]

심리학에 대한 호감도에 대한 경제적 수준과 성별의 상호작용은 통계적으로 유의하지 않았습니다[분산비(1, 44)=2.46, 확률값>.05].

[통계해석결과]

[통계적으로 유의하지 않았으므로 통계해석결과는 제시할 수 없습니다.]

만약에
경제적 수준 × 성별의 상호작용이 통계적으로 유의하였으면, 경제적 수준에 따른 차이나 성별에 따른 차이가 통계적으로 유의하였더라도 해석을 할 수가 없습니다[주효과해석금지]. 대신 단순효과 분석을 해야 합니다. 또한 원칙적으로 그림도 제시해야 합니다.

10-4. 집단비교 요인설계 2

[두 집단 × 두 집단](상호작용이 유의한 경우)

Ⅰ. 서론

연구자는 '대학생들의 심리학에 대한 호감도는 경제적 수준과 남녀에 따라 다를 것인가?' 라는 문제에 대해 관심이 있었습니다.

Ⅱ. 이론적 배경

선행연구를 고찰한 후, '심리학에 대한 호감도는 경제적 수준과 남녀에 따라 다를 것이다' 라는 가설을 설정하였습니다.

Ⅲ. 연구방법

대학생들 중에서 경제적 수준 하 남자 12명, 경제적 수준 상 남자 12명, 경제적 수준 하 여자 12명, 경제적 수준 상 여자 12명을 무선표집하였습니다. 그런 후에 심리학에 대한 호감도를 측정하였습니다. 이 과정을 그림으로 제시하면 다음과 같습니다.

남자 경제적 수준 하 12명 무선표집	측정
남자 경제적 수준 상 12명 무선표집	
여자 경제적 수준 하 12명 무선표집	
여자 경제적 수준 상 12명 무선표집	

측정한 결과 표 1과 같은 자료를 얻었습니다.

표 1. 심리학 호감도 원자료

	경제적 수준 하			경제적 수준 상		
남자	0.9	0.8	0.8	0.4	0.6	0.4
	0.7	1.0	0.9	0.5	1.0	0.5
	0.9	1.0	1.0	1.0	0.4	0.8
	1.0	1.1	1.1	0.5	0.8	0.9
여자	0.2	0.6	0.3	0.3	0.7	0.5
	0.2	0.5	0.2	0.5	0.4	0.5
	0.3	0.4	0.4	0.9	0.2	0.6
	0.3	0.3	0.6	0.2	0.3	0.6

표 1에 제시한 자료에 대해 통계분석을 실시하는 순서를 요약 정리하면 다음과 같습니다.

> 사회과학통계꾸러미(SPSS) 실행 -> 데이터 편집기에 자료 입력 -> 분석 -> 일반선형모형 -> 일변량 -> 독립변수와 종속변수 지정 -> 확인

Ⅳ. 연구결과

[기술통계결과]

경제적 수준과 성별에 따른 심리학 호감도의 평균과 표준편차를 표 2에 제시하였습니다.

표 2. 심리학 호감도의 평균과 표준편차

	경제적 수준 하	경제적 수준 상	전체
남	.93(.12)	.65(.23)	.79(.23)
여	.35(.14)	.47(.20)	.41(.18)
전체	.64(.32)	.56(.23)	.60(.28)

표 2에서 보는 바와 같이 남자의 심리학 호감도 평균은 .79, 표준편차는 .23, 여자의 심리학 호감도 평균은 .41, 표준편차는 .18이었습니다. 경제적 수준 하 집단의 심리학 호감도 평균은 .64, 표준편차는 .32, 경제적 수준 상 집단의 심리학 호감도 평균은 .56, 표준편차는 .23이었습니다.

[유의통계결과]

집단간 심리학 호감도 차이가 통계적으로 유의한지를 확인하기 위해 분산분석을 실시하였습니다. 경제적 수준과 성별에 따른 심리학 호감도에 대한 분산분석결과는 표 3과 같습니다.

표 3. 심리학 호감도에 대한 분산분석

	제곱합	자유도	제곱평균	*분산비*
경제적 수준	.083	1	.083	2.464
성별	1.688	1	1.688	49.888 ***
경제적 수준 × 성별	.480	1	.480	14.190 ***
오차	1.488	44	.034	
전체	3.74	47		

*** *확률값*<.001

표 3에서 보는 바와 같이 심리학 호감도에 대한 경제적 수준과 성별의 상호작용은 .001수준에서 유의하였습니다[분산비(1, 44)=14.190, 확률값 <.001].

[통계해석결과]

'심리학에 대한 남녀대학생들의 호감도는 경제적 수준에 따라 .001수준에서 유의하게 다르다' 고 할 수 있습니다.

또

'심리학에 대한 경제적 수준 상하 대학생들의 호감도는 성별에 따라 .001 수준에서 유의하게 다르다' 고 할 수 있습니다.

주의

경제적 수준과 성별의 상호작용이 유의하였으므로 성별에 따른 호감도 차이나 경제적 수준에 따른 호감도 차이에 대해서는 해석을 하지 않습니다[상호작용이 유의하면 주효과해석금지]. 대신에 단순효과 분석을 합니다.

[유의통계결과]

그래서 단순효과 분석을 한 결과가 표 4에 있습니다.

표 4. 심리학 호감도에 대한 사후검증(단순효과)

	제곱합	자유도	제곱평균	*분산비*
A[경제] @ b1[남]	.481	1	.481	14.240 ***
A[경제] @ b2[여]	.081	1	.081	2.414
B[성별] @ a2[하]	1.983	1	1.983	58.646 ***
B[성별] @ a1[상]	.183	1	.183	5.432*

**확률값*<.05, ****확률값*<.001

[유의통계결과]

표 4에서 보는 바와 같이, 남자의 경우, 경제적 수준에 따른 심리학 호감도의 차이는 .001수준에서 유의하였습니다[분산비(1, 44)=14.240, 확률값<.001].

[통계해석결과]

따라서 '경제적 수준 하의 남자는 경제적 수준 상의 남자보다 심리학 호감도가 .001수준에서 유의하게 높다' 고 할 수 있습니다.

[유의통계결과]

표 4에서 보는 바와 같이, 여자의 경우, 경제적 수준에 따른 심리학 호감도 차이는 통계적으로 유의하지 않았습니다[분산비(1, 44)=2.414, 확률값>.05].

[통계해석결과]

[통계적으로 유의하지 않았으므로 통계해석결과는 제시할 수 없습니다].

[유의통계결과]

표 4에서 보는 바와 같이, 경제적 수준이 낮은 경우, 남녀의 심리학 호감도의 차이는 .001수준에서 유의하였습니다[분산비(1, 44)=58.646, 확률값<.001].

[통계해석결과]

따라서 경제적 수준 하의 남자는 경제적 수준 하의 여자보다 심리학 호감도가 .001수준에서 유의하게 높다고 할 수 있습니다.

[유의통계결과]

표 4에서 보는 바와 같이, 경제적 수준이 높은 경우, 남녀의 심리학 호감도 차이는 .05수준에서 유의하였습니다[분산비(1, 44)=5.432, 확률값<.05].

[통계해석결과]

따라서 경제적 수준 상의 남자는 경제적 수준 상의 여자보다 심리학 호감도가 .05수준에서 유의하게 높다고 할 수 있습니다.

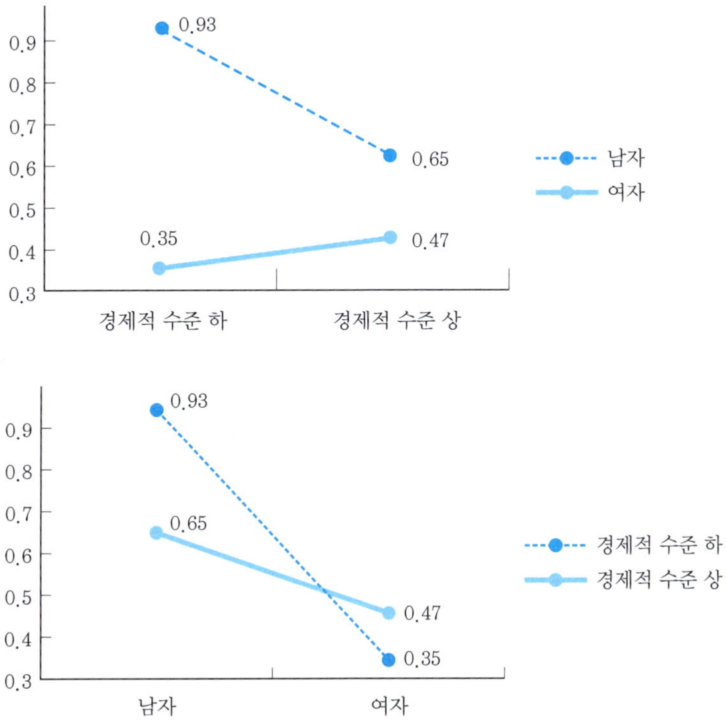

그림 1. 심리학 호감도에 대한 상호작용

10-5. 혼합요인설계 1

[피험자(두 집단)간-두 집단 비교](상호작용이 유의하지 않는 경우)

Ⅰ. 서론

연구자는 '행복훈련은 남녀대학생들의 정신건강에 영향을 미치는가?'라는 문제에 관심이 있었습니다.

Ⅱ. 이론적 배경

선행연구를 고찰한 후, '행복훈련은 남녀대학생들의 정신건강을 높일 것이다' 라는 가설을 설정하였습니다.

Ⅲ. 연구방법

대학생들 중에서 남학생 24명, 여학생 24명을 무선표집하여 성별로 각각 12명씩 무선할당하였습니다. 그런 후에 한 집단에게는 행복훈련을 실시하지 않고, 다른 한 집단에게는 행복훈련을 실시하였습니다. 후에 정신건강을 측정하였습니다. 이 과정을 그림으로 제시하면 다음과 같습니다.

무선표집 남학생 24명	무선할당 12명	비실시	측정
	무선할당 12명	행복훈련 실시	
무선표집 여학생 24명	무선할당 12명	비실시	
	무선할당 12명	행복훈련 실시	

표 1. 정신건강 원자료

	행복훈련 비실시			실시		
남자	0.2	0.6	0.3	0.4	0.6	0.4
	0.2	0.5	0.2	0.5	1.0	0.5
	0.3	0.4	0.4	1.0	0.4	0.8
	0.3	0.3	0.6	0.5	0.8	0.9
여자	0.3	0.7	0.5	0.9	0.8	0.8
	0.5	0.4	0.5	0.7	1.0	0.9
	0.9	0.2	0.6	0.9	1.0	1.0
	0.2	0.3	0.6	1.0	1.1	1.1

표 1에 제시된 자료에 대해 통계분석을 실시하는 순서를 요약 정리하면 다음과 같습니다.

사회과학통계꾸러미(SPSS) 실행 -> 데이터 편집기에 자료 입력 -> 분석 -> 일반선형모형 -> 일변량 -> 독립변수와 종속변수 지정 -> 확인

Ⅳ. 연구결과

[기술통계결과]

행복훈련 실시여부에 따른 정신건강의 평균과 표준편차를 표 2에 제시하였습니다.

표 2. 정신건강의 평균과 표준편차

	행복훈련 비실시	실시	전체
남	.35(.14)	.65(.23)	.50(.24)
여	.47(.20)	.93(.12)	.70(.28)
전체	.41(.18)	.79(.23)	.60(.28)

표 2에서 보는 바와 같이 남자대학생들의 정신건강 평균은 .50, 표준편차는 .24, 여자대학생들의 정신건강 평균은 .70, 표준편차는 .28이었습니다. 행복훈련 비실시 대학생의 정신건강 평균은 .41, 표준편차는 .18, 비실시 대학생의 정신건강 평균은 .79, 표준편차는 .23이었습니다.

[유의통계결과]

성별과 행복훈련 실시 여부에 따른 정신건강 차이가 통계적으로 유의한지를 확인하기 위해 분산분석을 실시하였습니다. 정신건강에 대한 (일변량 이원)분산분석결과는 표 3과 같습니다.

표 3. 정신건강에 대한 분산분석

	제곱합	자유도	제곱평균	*분산비*
훈련실시 여부	1.688	1	1.688	49.888 ***
성별	.480	1	.48	14.190 ***
훈련실시 여부 × 성별	.083	1	.083	2.46
오차	1.488	44	.034	
전체	3.74	47		

****확률값*<.001

[유의통계결과]

표 3에서 보는 바와 같이 훈련실시 여부에 따른 정신건강의 차이는 .001수준에서 유의하였습니다[분산비(1, 44)=49.888, 확률값<.001].

[통계해석결과]

따라서 '행복훈련은 대학생들의 정신건강을 .001수준에서 유의하게 높인다' 고 할 수 있습니다.

[유의통계결과]

성별에 따른 정신건강에 대한 차이는 .001수준에서 유의하였습니다[분산비(1, 44)=14.190, 확률값<.001].

[통계해석결과]

따라서 '여학생들의 정신건강은 남학생들의 정신건강보다 .001수준에서 더 높다' 고 할 수 있습니다.

[유의통계결과]

정신건강에 대한 행복훈련실시 여부와 성별의 상호작용은 통계적으로 유의하지 않았습니다[분산비(1, 44)=2.46, 확률값>.05].

[통계해석결과]

[상호작용이 통계적으로 유의하지 않았으므로 상호작용에 대한 통계해석결과는 제시할 수 없습니다.]

만약에
행복훈련실시 여부 × 성별의 상호작용이 통계적으로 유의하였으면, 행복훈련의 효과나 성별에 따른 차이가 통계적으로 유의하였더라도 통계해석결과를 제시할 수 없습니다[주효과해석금지]. 대신 단순효과 분석을 해야 합니다. 또한 원칙적으로 그림도 제시해야 합니다.

10-6. 혼합요인설계 2

[피험자(두 집단)간-두 집단 비교](상호작용이 유의한 경우)

Ⅰ. 서론

연구자는 '행복훈련은 남녀대학생들의 정신건강에 영향을 미치는가?' 라는 문제에 관심이 있었습니다.

Ⅱ. 이론적 배경

선행연구를 고찰한 후, '행복훈련은 남녀대학생들의 정신건강을 높일 것이다' 라는 가설을 설정하였습니다.

Ⅲ. 연구방법

대학생들 중에서 남학생 24명, 여학생 24명을 무선표집하여 성별로 각각 12명씩 무선할당하였습니다. 그런 후에 한 집단에게는 행복훈련을 실시하지 않고, 다른 한 집단에게는 행복훈련을 실시하였습니다. 후에 정신건강을 측정하였습니다. 이 과정을 그림으로 제시하면 다음과 같습니다.

무선표집 남학생 24명	무선할당 12명	비실시	측정
	무선할당 12명	행복훈련 실시	
무선표집 여학생 24명	무선할당 12명	비실시	
	무선할당 12명	행복훈련 실시	

표 1. 정신건강 원자료

	행복훈련 비실시			실시		
남자	0.3	0.7	0.5	0.4	0.6	0.4
	0.5	0.4	0.5	0.5	1.0	0.5
	0.9	0.2	0.6	1.0	0.4	0.8
	0.2	0.3	0.6	0.5	0.8	0.9
여자	0.2	0.6	0.3	0.9	0.8	0.8
	0.2	0.5	0.2	0.7	1.0	0.9
	0.3	0.4	0.4	0.9	1.0	1.0
	0.3	0.3	0.6	1.0	1.1	1.1

표 1에 제시된 자료에 대해 통계분석을 실시하는 순서를 요약 정리하면 다음과 같습니다.

사회과학통계꾸러미(SPSS) 실행 -> 데이터 편집기에 자료 입력 -> 분석 -> 일반선형모형 -> 일변량 -> 독립변수와 종속변수 지정 -> 확인

Ⅳ. 연구결과

[기술통계결과]

행복훈련실시 여부에 따른 남녀대학생들의 정신건강 평균과 표준편차

를 표 2에 제시하였습니다.

표 2. 정신건강의 평균과 표준편차

	비실시	행복훈련 실시	전체
남	.47(.20)	.65(.23)	.56(.23)
여	.35(.14)	.93(.12)	.64(.32)
전체	.41(.18)	.79(.23)	.60(.28)

표 2에서 보는 바와 같이 남자의 정신건강 평균은 .56, 표준편차는 .23, 여자의 평균은 .64, 표준편차는 .32이었습니다. 비실시 집단의 평균은 .41, 표준편차는 .18, 행복훈련실시 집단의 정신건강 평균은 .79, 표준편차는 .23이었습니다.

[유의통계결과]

성별과 행복훈련실시 여부에 따른 정신건강 차이가 통계적으로 유의한지를 확인하기 위해 분산분석을 실시하였습니다. 정신건강에 대한 분산분석결과는 표 3과 같습니다.

표 3. 정신건강에 대한 분산분석

	제곱합	자유도	제곱평균	*분산비*
훈련여부	1.688	1	1.688	49.888***
성별	.083	1	.083	2.464
훈련여부 × 성별	.480	1	.480	14.190***
오차	1.488	44	.034	
전체	3.73	47		

***확률값<.001

표 3에서 보는 바와 같이 정신건강에 대한 행복훈련실시 여부와 성별의 상호작용은 .001수준에서 유의하였습니다[분산비(1, 44)=14.190, 확률값 <.001].

[통계해석결과]

행복훈련은 성별에 따라서 .001수준에서 유의하게 다른 영향을 준다고 할 수 있습니다.

주의

훈련실시 여부와 성별의 상호작용이 유의하였으므로 훈련실시 여부에 따른 차이는 해석을 하지 않습니다[주효과해석금지]. 대신에 단순효과 분석을 합니다. 또 독립변수(행복훈련실시 여부)에서 분류변수(남자 혹은 여자) 간의 차이에 대한 검증은 하지 않고, 분류변수에서 독립변수 간의 차이에 대한 검증만 합니다.

[유의통계결과]

그래서 단순효과 분석을 한 결과가 표 4에 있습니다.

표 4. 정신건강에 대한 사후검증

	제곱합	자유도	제곱평균	*분산비*
A[훈련여부] @ b1 [남]	.1837	1	.1837	5.432*
A[훈련여부] @ b2 [여]	1.9837	1	1.9837	58.046***

*확률값<.05, ***확률값<.001

[유의통계결과]

표 4에서 보는 바와 같이, 남자 대학생의 경우, 행복훈련실시 여부에 따

른 정신건강 차이는 .05수준에서 유의하였습니다[분산비(1, 44)=5.432, 확률값<.05].

[통계해석결과]

즉, 남자 대학생의 경우 '행복훈련은 정신건강을 높일 것이다' 라는 가설은 .05수준에서 지지되었습니다.

따라서 '행복훈련은 남자 대학생의 정신건강을 .05수준에서 유의하게 높인다' 고 할 수 있습니다.

[유의통계결과]

표 4에서 보는 바와 같이, 여자 대학생의 경우, 행복훈련실시 여부에 따른 집단 간 정신건강 차이는 .001수준에서 유의하였습니다[분산비(1, 44)=58.046, 확률값<.001].

[통계해석결과]

즉, 여자 대학생의 경우 '행복훈련은 정신건강을 높일 것이다' 라는 가설은 .001수준에서 지지되었습니다. 따라서 '행복훈련은 여자 대학생의 정신건강을 .001수준에서 유의하게 높인다' 고 할 수 있습니다.

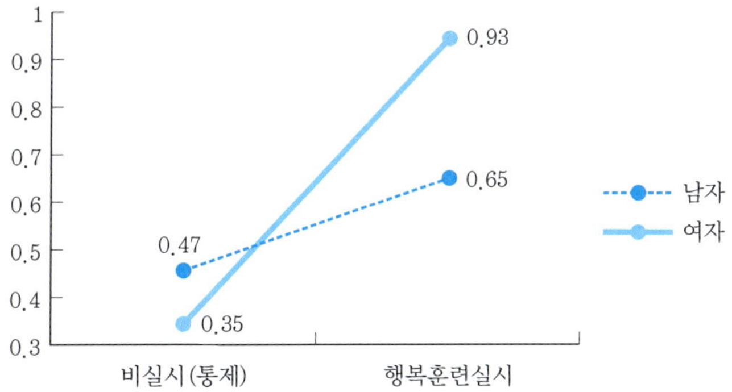

그림 1. 정신건강에 대한 상호작용

주의

이 연구에서처럼 예언변수와 독립변수의 혼합 설계인 경우, '독립변수 한 수준에서의 예언변수에 따른 차이' 는 검증하지 않습니다. 즉 '훈련집단에서의 남녀 간 정신건강 차이' 는 검증하지 않습니다. 따라서 남자 여자 구분을 X축에 두면 안 됩니다.

10-7. 혼합요인설계 3

[피험자(두 집단)간-두 집단 비교 외의 설계]

심리학을 공부한 학자들은 혼합요인설계라고 하면 '피험자집단간 요인과 피험자내반복측정요인' 을 혼합한 설계만을 생각하는 경우가 많습니다. 그러나 혼합요인설계는 두 요인에서만도 원칙적으로 "피험자집단간요인-피험자내반복측정요인간", "피험자집단간요인-비교집단간요인", "피험자내반복측정요인간-비교집단간요인" 이 발생할 수 있습니다. 이 책에서는 단지 하나 "피험자집단간-비교집단간" 만을 제시하면서, 상호작용이 유의한 경우와 상호작용이 유의하지 않은 경우로 구분해서 제시하였습니다. 그렇게 하면 "피험자집단간-피험자내반복측정요인간" 과 "피험자내반복측정요인간-비교집단간" 은 어떻게 하라는 말인가?라는 말이 나올 수 있습니다. 그런데 유감스럽게도 사회과학통계꾸러미(SPSS)에서 이를 제공하지 않고 있습니다. 저희들이 통계꾸러미를 만들어서 '홈페이지 조현춘교수의 논문연구법' 에서 곧 제공하도록 하겠습니다. 곽호완 교수가 연구하여 연구자들에게 공개하기로 되어있어서 지금 공개하고 있는 것으로 알고 있는 통계에서 제공하기는 하지만, 곽호완 교수의 논문 혹은 논문연구법이 '홈페이지 조현춘교수의 논문연구법' 에서 보는 바와 같이 도저히 용납할 수 없는 수준

이어서 추천하지 않겠습니다.

10-8. 기타

이 책에서는 비교적 간단한 논문연구법에 대해서만 다루었습니다. 복잡한 집단비교법에 대해서는 후일을 기약합니다.

제11장

상관법

11–1. 적률상관

Ⅰ. 서론

연구자는 '대학생들의 심리학 호감도는 지능과 상관이 있을 것인가?' 라는 문제에 대해 관심이 있었습니다.

Ⅱ. 이론적 배경

선행연구를 고찰한 후, '심리학 호감도는 지능이 높을수록 더 높을 것이다' 라는 가설을 설정하였습니다.

Ⅲ. 연구방법

'ㄷ' 고등학교 학생 30명의 '심리학 호감도와 지능' 을 측정하였습니다. 측정한 결과 표 1과 같은 자료를 얻었습니다.

표 1. 심리학 호감도와 지능의 원자료

심리학 호감도	지능	심리학 호감도	지능
10	160	5	135
10	155	5	130
10	150	5	125
9	155	4	130
9	150	4	125
9	145	4	120
8	150	3	125
8	145	3	120
8	140	3	115
7	145	2	120
7	140	2	115
7	135	2	110
6	140	1	115
6	135	1	110
6	130	1	105

표 1에 제시한 자료에 대해 통계분석을 실시하는 순서를 요약 정리하면 다음과 같습니다.

사회과학통계꾸러미(SPSS) 실행 -> 데이터 편집기에 자료 입력 -> 분석 -> 상관분석 -> 이변량 상관계수 -> Pearson(N)을 선택 -> 확인

Ⅳ. 연구결과

[기술통계결과]

'심리학 호감도와 지능' 의 상관은 .962이었습니다.

[유의통계결과]

'심리학 호감도와 지능' 간의 앞의 상관계수 .962는 .001수준에서 유의

하였습니다.

[통계해석결과]

즉, '심리학 호감도와 지능' 간의 상관은 .001수준에서 유의하였습니다. 따라서 지능이 높을수록 .001수준에서 심리학에 대해 더 호의적이라고 할 수 있습니다.

11-2. 상관행렬

Ⅰ. 서론

연구자는 '아동의 신장, 가슴둘레, 허리둘레, 엉덩이둘레의 상호 상관' 에 대해 관심이 있었습니다.

Ⅱ. 이론적 배경

선행연구를 고찰한 후, '아동의 신장, 가슴둘레, 허리둘레, 엉덩이둘레 상호 상관이 있을 것이다' 라는 가설을 설정하였습니다.

Ⅲ. 연구방법

'ㄱ' 초등학교 학생 30명의 '신장, 가슴둘레, 허리둘레, 엉덩이둘레' 을 측정하였습니다. 측정한 결과 표 1과 같은 자료를 얻었습니다.

표 1. 신장, 가슴둘레, 허리둘레, 엉덩이둘레의 원자료

신장	가슴둘레	허리둘레	엉덩이둘레	신장	가슴둘레	허리둘레	엉덩이둘레
116	54	50	59	116	55	52	63
121	56	51	62	121	55	53	64
120	61	52	63	120	69	51	62
119	61	53	62	119	58	54	60
110	58	52	59	110	58	52	58
110	57	53	56	110	57	51	57
119	57	52	56	119	56	53	59
132	65	52	67	132	57	57	68
120	59	50	62	120	54	54	61
119	59	56	63	119	54	54	62
119	62	54	63	119	56	54	62
114	57	51	57	114	56	52	57
131	61	52	61	131	64	50	62
116	60	54	66	116	59	53	58
119	57	51	59	119	60	50	57

표 1에 제시한 자료에 대해 통계분석을 실시하는 순서를 요약 정리하면 다음과 같습니다.

사회과학통계꾸러미(SPSS) 실행 -> 데이터 편집기에 자료 입력 -> 분석 -> 상관분석 -> 이변량 상관계수 -> 옵션 선택(평균과 표준편차) -> 확인

IV. 연구결과

[기술통계결과]

[유의통계결과]

표 2. 아동의 신장, 가슴둘레, 허리둘레, 엉덩이둘레 상호 상관

	1	2	3	4
1. 신장	–	.387*	..140	.640**
2. 가슴둘레	–	–	–.188	.285
3. 허리둘레	–	–	–	.452*
4. 엉덩이둘레	–	–	–	–

*확률값<.05, **확률값<.01

[통계해석결과]

표 2에서 보는 바와 같이 신장과 가슴둘레의 상관은 .387로 .05수준에서 유의하였습니다. 따라서 신장이 클수록 가슴둘레가 크다고 할 수 있습니다. 신장과 엉덩이둘레의 상관은 .640으로 .01수준에서 유의하였습니다. 따라서 신장이 클수록 엉덩이둘레가 크다고 할 수 있습니다. 허리둘레와 엉덩이둘레의 상관은 .452로 .05수준에서 유의하였습니다. 따라서 허리둘레가 클수록 엉덩이둘레가 크다고 할 수 있습니다.

11–3. 회귀분석

남녀 청소년 382명을 대상으로 한 청소년들의 반사회성에 대한 '조현춘의 연구' 의 일부를 제시하는 것으로 회귀분석에 대한 설명에 대신합니다.

Ⅰ. 서론

연구자는 '부모의 자녀 양육 행동으로 남자 청소년의 반사회성을 예언할 수 있을 것인가?' 라는 문제에 관심이 있었습니다.

Ⅱ. 이론적 배경

선행연구를 고찰한 후, '부모의 자녀 양육 행동으로 남자 청소년의 반사회성을 예언할 수 있을 것' 이라는 결론을 내리고 과연 어느 하위 변수가 어

느 정도로 예언할 수 있을 것인지를 확인하기로 하였습니다.

Ⅲ. 연구방법

부모의 자녀 양육 행동의 하위 영역 즉 하루 중 자녀가 부모와 같이 보내는 시간, 생활 인지도, 아버지의 긍정성, 어머니의 긍정성, 아버지의 처벌 공평성, 어머니의 처벌 공평성, 아버지의 처벌 비일관성, 어머니의 처벌 비일관성, 아버지의 처벌 효과성, 어머니의 처벌 효과성과 남자 청소년의 반사회성을 측정하였습니다.

Ⅳ. 결과

부모의 자녀 양육 행동의 하위 영역 즉 하루 중 자녀가 부모와 같이 보내는 시간, 생활 인지도, 아버지의 긍정성, 어머니의 긍정성, 아버지의 처벌 공평성, 어머니의 처벌 공평성, 아버지의 처벌 비일관성, 어머니의 처벌 비일관성, 아버지의 처벌 효과성, 어머니의 처벌 효과성을 예언변수로 하고 남자 청소년의 반사회성을 준거변수로 한 중다회귀분석의 결과가 표 1에 나타나 있습니다.

표 1. 부모의 자녀 양육 행동과 남자 청소년의 반사회성

	변수	상관	상관제곱	상관제곱변화	상수	회귀계수	베타	분산비
1	어머니 긍정성	.34	.12	.12	158.29	−1.15	−.34	23.65***
2	어머니 긍정성	.34	.12			−.76	−.23	7.64**
	어머니 공평성	.39	.15	.03	187.02	−2.57	−.22	6.97**
3	어머니 긍정성	.34	.12			−.65	−.19	5.61*
	어머니 공평성	.39	.15			−2.17	−.18	4.90*
	생활 인지도	.41	.17	.02	197.33	−.67	−.16	4.50*

*확률값<.05, **확률값<.01, ***확률값<.001

표 1에서 보는 바와 같이 어머니의 긍정성이 가장 설명력이 높은 변수로 남자 청소년의 반사회성의 전체 분산 중 12%를 설명하는 것으로 나타났습니다. 또한 어머니의 긍정성과 남자 청소년의 반사회성은 부적 상관을 보이므로, 남자 청소년이 어머니의 긍정성이 높다고 지각할수록 반사회성은 경감된다고 할 수 있습니다.

다음으로, 어머니의 긍정성이 남자 청소년의 반사회성을 12% 설명하는 것을 전제로 어머니의 처벌 공평성이 3%를 추가 설명하므로 어머니의 긍정성과 어머니의 처벌 공평성을 합치면 남자 청소년의 반사회성의 15%를 설명하는 것으로 나타났습니다. 또한 어머니의 처벌 공평성과 남자 청소년의 반사회성은 부적 상관을 보이므로, 어머니의 처벌 공평성이 낮을수록 남자 청소년의 반사회성은 높다라고 할 수 있습니다.

셋째로, 어머니의 긍정성과 어머니의 처벌 공평성이 남자 청소년의 반사회성의 15%를 설명하는 것을 전제로 자녀의 생활에 대한 부모님들의 생활 인지도가 2%를 추가 설명하므로 어머니의 긍정성과 어머니의 처벌 공평성, 생활 인지도를 합치면 남자 청소년의 반사회성의 17%를 설명하는 것으로 나타났습니다. 또한 생활 인지도와 남자 청소년의 반사회성은 부적 상관을 보이므로, 부모-자녀 간의 생활 인지도가 낮을수록 남자 청소년의 반사회성은 높다고 할 수 있습니다.

따라서 어머니의 긍정성이 낮을수록, 어머니의 처벌 공평성이 낮을수록, 자녀에 대한 부모의 생활 인지도가 낮을수록, 청소년의 반사회성은 높으며, 이들 세 변수는 남자 청소년의 반사회성의 17%를 설명한다고 할 수 있습니다.

만약에

학술지 논문이면 매번 반복할 필요가 없습니다. 즉 "어머니의 긍정성이 남자 청소년의 반사회성의 전체 분산 중 12%를 설명하고, 어머니의 처벌 공평성이 3%를 추가로 설명하고, 부모의 생활 인지도가 2%를 추가로 설명하여, 세 변수가 17%를 설명하는 것으로 나타났다" 라고 하면 됩니다.

그런데

일부 학자들은 자신의 이론을 강조하기 위해 예언변수 투입을 억지로 순서를 바꾸는 경우가 있습니다. 명백히 잘못하는 행동입니다. 실제로 심사장에서 고집을 피워서 인터넷에 실명으로 공개하겠다고 협박(?)하여 겨우 무마시킨 일도 있었습니다.

11-4. 기타

고급상관설계로 경로분석과 구조방정식이 있으나, 기초논문연구법에서 다룰 내용은 아닌 것 같습니다. 고급상관설계에 대해서는 후일을 기약할 수밖에 없습니다.

제12장

비모수 통계

비모수 통계 검증에 대해서는 현재로서는 논쟁이 아주 많습니다. 현재로서는 필자들이 확고하게 제시하기 힘듭니다. 첫째, 정규성이나 분산의 등질성을 기준으로 모수 통계 검증과 비모수 통계 검증을 구분해야 한다는 주장이 있으나, '일반적으로 전집이 극히 정규적이지 않고, 분산이 이질적이라는 증거가 충분하지 않는 한 그 검증력 때문에 모수 검증이 사용되어야 한다는 데에 동의가 있다(민윤기, 169면)' 고도 합니다. 둘째, 측정의 수준에 따라서 즉, 명명척도나 서열척도의 경우 원칙적으로 비모수 통계 검증을 할 수밖에 없습니다. 대개의 비모수 통계 검증은 모수 통계 검증에 대응해서 만들어졌습니다.

셋째, 모수 통계 검증을 사용하지 않고 비모수 통계 검증을 사용하는 또 다른 이유는 표본의 크기와 관련이 있는데, 어떤 통계학자들은 표본의 크기가 작은 경우, 모수 통계 검증을 사용할 수 없다고 말하고 있으나, 어떤 통계학자들은 별 차이가 없다고 말합니다. 이 책은 논문연구법 중에서 기본 중의 기본을 제시하는 것이 목적이므로 카이 제곱 검증을 제외한 여타의 비모수 통계 검증은 다루지 않겠습니다. 가장 많이 쓰이는 비모수 통계 검증은 카이 제곱 검증입니다.

12-1. 적합도 검증(한 집단 빈도분석)

Ⅰ. 서론

연구자는 '동전을 여러 번 던지면 앞면이 어느 정도 나올 것인가?' 라는 문제에 관심이 있었습니다.

Ⅱ. 이론적 배경

30번 던졌을 때 앞면과 뒷면이 나올 것으로 기대하는 빈도는 이론적으로 15 대 15입니다. 이를 기대빈도라고 합니다. 실제로 그렇게 나오는지를 확인하고자 하였습니다.

Ⅲ. 연구방법

30번을 던져서 실제로 관찰하였습니다. 실제 관찰빈도는 앞면이 18번, 뒷면이 12번이었습니다.

표 1. 동전을 30번 던졌을 때 앞면이나 뒷면이 나온 경우의 원자료

동전(0=앞면, 1=뒷면)		
1	0	0
0	1	0
0	1	1
0	0	0
1	1	0
1	0	1
0	0	0
1	1	1
0	1	0
0	0	0

표 1에 제시된 자료에 대해 통계분석을 실시하는 순서를 요약 정리하면 다음과 같습니다.

> 사회과학통계꾸러미(SPSS) 실행 -> 데이터 편집기에 자료 입력 -> 분석 -> 비모수적 검증 -> 카이제곱 검증 -> 확인

Ⅳ. 연구결과

[기술통계결과]

동전 앞면과 뒷면의 관찰빈도와 기대빈도, 차이를 표 2에 제시하였습니다.

표 2. 동전 앞면과 뒷면의 관찰빈도, 기대빈도, 차이

	관찰빈도	기대빈도	차이
앞면	18	15	3
뒷면	12	15	−3
합계	30		

표 2에서 보는 바와 같이 동전 앞면의 관찰빈도는 18, 기대빈도는 15, 빈도차이는 3이었으며, 동전 뒷면의 관찰빈도는 12, 기대빈도는 15, 빈도차이는 −3이었습니다.

[유의통계결과]

동전 앞면 빈도와 뒷면 빈도의 차이가 통계적으로 유의한지를 확인하기 위해 카이제곱 검증을 실시하였습니다. 동전 앞면 빈도와 뒷면 빈도에 대한 카이제곱 검증은 표 3과 같습니다.

표 3. 동전 앞면 빈도와 뒷면 빈도에 대한 카이제곱 검증

	카이제곱	자유도	확률값
앞면 뒷면 빈도	1.200	1	.273

표 3에서 보는 바와 같이 관찰빈도와 기대빈도의 적합도는 통계적으로 유의하지 않았습니다[카이제곱=1.200, 확률값=.273]. 관찰빈도 앞면 18번, 뒷면 12번과 기대빈도 앞면 15번, 뒷면 15번의 차이는 통계적으로 유의하지 않았습니다.

[통계해석결과]

[적합도가 통계적으로 유의하지 않았으므로 통계해석결과를 제시할 수 없습니다.]

만약에
관찰빈도와 기대빈도의 적합도가 통계적으로 유의하였으면 '관찰빈도와 기대빈도의 적합도는 통계적으로 유의합니다' 혹은 '관찰빈도는 기대빈도와 통계적으로 유의하게 다르다고 할 수 있습니다', '앞면 관찰빈도는 기대빈도보다 통계적으로 유의하게 많았다고 할 수 있습니다', '뒷면 관찰빈도는 기대빈도보다 통계적으로 유의하게 적었습니다' 가 됩니다.

12-2. 독립성 검증(이원 빈도분석 χ^2)

Ⅰ. 서론

연구자는 '불우이웃돕기 권유에 대한 남성의 반응비율과 여성의 반응비율은 어떨 것인가?' 라는 문제에 관심이 있었습니다.

Ⅱ. 이론적 배경

선행연구를 고찰한 후, 연구자는 「남성이 여성보다 '불우이웃돕기 권유' 에 대해 반응하는 비율이 비슷할 것이다」라고 생각하였습니다. 이를 기대비율이라고 합니다. 실제로 그렇게 나오는지를 확인하고자 하였습니다.

Ⅲ. 연구방법

200명을 대상으로 불우이웃돕기 권유에 따른 도움 행동 빈도를 조사하였습니다.

표 1. 성별에 따른 도움 행동 유무 빈도

	남성	여성	합계
도움	20	40	60
돕지 않음	15	125	140
합계	35	165	200

표 1에 제시된 자료에 대해 통계분석을 실시하는 순서를 요약 정리하면 다음과 같습니다.

> 사회과학통계꾸러미(SPSS) 실행 -> 데이터 편집기에 자료 입력 -> 분석 -> 기술통계 -> 교차분석 -> 확인

Ⅳ. 연구결과

[기술통계결과]

성별에 따른 반응유무의 관찰빈도, 기대빈도를 표 2에 제시하였습니다.

표 2. 성별에 따른 반응별 관찰빈도, 기대빈도

		남성	여성	전체
도움	관찰빈도	20	40	60
	기대빈도	10.5	49.5	
돕지 않음	관찰빈도	15	125	140
	기대빈도	24.5	115.5	
전체	관찰빈도	35	165	200

표 2에서 보는 바와 같이 불우이웃돕기 권유에 대한 남성의 도움 행동 관찰빈도는 20, 기대빈도는 10.5이었으며, 불우이웃돕기 권유에 대한 여성의 도움 행동 관찰빈도는 40, 기대빈도는 49.5이었습니다. 불우이웃돕기 권유에 대한 남성의 돕지 않음의 관찰빈도는 15, 기대빈도는 24.5이었으며, 불우이웃돕기 권유에 대한 여성의 돕지 않음의 관찰빈도는 125, 기대빈도는 115.5이었습니다. 남성의 전체 관찰빈도는 35이었으며, 여성의 전체 관찰빈도는 165이었습니다.

[유의통계결과]

불우이웃돕기 권유와 성별에 따른 반응별 관찰빈도, 기대빈도 차이가 통계적으로 유의한지를 확인하기 위해 카이제곱 검증을 실시하였습니다. 불우이웃돕기 권유와 성별에 따른 도움 행동 빈도에 대한 카이제곱 독립성 검증은 표 3과 같습니다.

표 3. 불우이웃돕기 권유와 성별에 따른 도움 행동 빈도에 대한 카이제곱 검증

	유효인원수	카이제곱	확률값
권유–행동 유무	200	14.884	.000***

***확률값<.001

표 3에서 보는 바와 같이 불우이웃돕기 권유에 따른 도움 행동 빈도에 대한 카이제곱 독립성 검증은 .001수준에서 유의하였습니다[카이제곱=14.884, 확률값=.000].

[통계해석결과]

즉, 성별과 도움 행동 비율의 관련성은 .001수준에서 유의하였습니다. 따라서 남성은 여성에 비해 상대적으로 불우이웃돕기 권유에 따른 도움 행동 비율이 .001수준에서 높았습니다.

12-3. 동질성 검증

동질성 검증은 독립성 검증과 계산 절차는 동일합니다. 그러나 동질성 검증은 독립성 검증과는 달리 각 집단의 인원수를 동일하게 합니다. 예를 들어서 성별에 따른 자녀 출산 희망 여부에 대한 동질성 검증을 시도할 때에는 남녀의 수를 동일하게 한 후 자녀 출산 희망 여부를 조사해야 합니다.

Ⅰ. 서론

연구자는 '남성의 자녀 출산 희망 비율과 여성의 자녀 출산 희망 비율은 어떨 것인가?' 라는 문제에 관심이 있었습니다.

Ⅱ. 이론적 배경

선행연구를 고찰한 후, 연구자는 「남성의 자녀 출산 희망 비율과 여성의 자녀 출산 희망 비율이 비슷할 것이다」라고 생각하였습니다. 이를 기대비율이라고 합니다. 실제로 그렇게 나오는지를 확인하고자 하였습니다.

Ⅲ. 연구방법

남 50명, 여 50명을 대상으로 자녀 출산 희망 여부를 조사하였습니다.

표 1. 성별에 따른 자녀 출산 희망 여부 빈도

	남성	여성	합계
희망함	38	23	61
희망하지 않음	12	27	39
합계	50	50	100

표 1에 제시된 자료에 대해 통계분석을 실시하는 순서를 요약 정리하면 다음과 같습니다.

> 사회과학통계꾸러미(SPSS) 실행 -> 데이터 편집기에 자료 입력 -> 분석 -> 비모수적 검증 -> 카이제곱 검증 -> 확인

Ⅳ. 연구결과

[기술통계결과]

성별에 따른 출산 희망 여부의 관찰빈도, 기대빈도를 표 2에 제시하였습니다.

표 2. 성별에 따른 출산 희망 여부의 관찰빈도, 기대빈도

		남성	여성	전체
출산희망	관찰빈도	38	23	61
	기대빈도	30.5	30.5	
희망하지 않음	관찰빈도	12	27	39
	기대빈도	19.5	19.5	
전체	관찰빈도	50	50	100

표 2에서 보는 바와 같이 남성의 자녀 출산 희망 관찰빈도는 38, 기대빈도는 30.5이었으며, 여성의 자녀 출산 희망 관찰빈도는 23, 기대빈도는 30.5이었습니다. 남성의 자녀 출산 희망하지 않음 관찰빈도는 12, 기대빈도는 19.5이었으며, 여성의 자녀 출산 희망하지 않음 관찰빈도는 27, 기대빈도는 19.5이었습니다. 남성의 전체 관찰빈도는 50이었으며, 여성의 전체 관찰빈도는 50이었습니다.

[유의통계결과]

성별에 따른 자녀 출산 희망 여부의 관찰빈도, 기대빈도 차이가 통계적으로 유의한지를 확인하기 위해 카이제곱 검증을 실시하였습니다. 성별에 따른 자녀 출산 희망 빈도에 대한 카이제곱 동질성 검증은 표 3과 같습니다.

표 3. 자녀 출산 희망 여부에 대한 카이제곱 검증

	유효인원수	카이제곱	확률값
출산 희망 여부	100	9.458	.004**

**확률값〈.01

표 3에서 보는 바와 같이 자녀 출산 희망 여부에 대한 카이제곱 검증은 .01수준에서 통계적으로 유의하였습니다[카이제곱=9.458, 확률값=.004].

[통계해석결과]

즉, 자녀 출산 희망 비율은 .01수준에서 성별에 따라서 달랐습니다. 따라서 자녀 출산 희망 여부 비율은 .01수준에서 남성이 여성보다 더 높았습니다.

제 III 부

왜 조현춘교수의 논문연구법인가?

제13장. 사전-사후 측정에서의 오류들

제14장. 석사학위논문과 박사학위논문, 학술지 논문

논문 심사를 할 때에나 논문 발표장에서 조현춘은 자주 격렬한 논쟁을 하였습니다. 조현춘이 그렇게 하니까, 조현춘의 지도 학생들은 난감할 때가 한두 번이 아니었습니다. 그런데 세월이 갈수록 조현춘의 지도학생들은 '조현춘이 주장하는 논문연구법' 이야말로 참으로 쉽고 제대로 된 주장이라는 사실을 알게 되었습니다. 이렇게 하여 '조현춘교수의 논문연구법' 을 집필하기로 하였습니다. 조현춘은 늘 '나는 연구법에 대해서 아는 것이 거의 없다. 열 문장 정도밖에 안 된다' 고 하였습니다. 다음이 그 내용입니다.

1. 연구법이 어려운 가장 큰 이유는 '용어가 개념을 나타내지 못하는 경우' 가 많기 때문인 것 같습니다[1장, 4장 참고].
2. 연구법을 생각할 때에는 측정과 연구설계를 따로 따로 생각해야 합니다[2장 참고].
3. 측정은 측정 수준에 따라 비율척도 · 등간척도 · 서열척도 · 명명척도로 나누고, 측정 방법에 따라 조사법 · 관찰법 · 검사법 등으로 나눕니다[2장 참고].
4. 연구설계는 '인과관계를 말할 수 있는 실험법' 과 '인과관계를 말할 수 없는 비실험법' 으로 구분할 수 있습니다[5장 참고].
5. 영가설은 문장화할 수 없으며, 연구가설만 문장화할 수 있습니다[4장 참고].
6. 사전-사후 측정은 반복측정이 아니며 단순기술법에서의 측정이므로 기술통계 이상의 통계를 사용하면 안 됩니다[Ⅲ부 1장 참고].
7. 집합(교집합과 합집합), 명제(역, 이, 대우), 조건(충분조건, 필수조건, 필수충분조건)에 대해서도 알고 있어야 합니다[1장 참고].
8. 소수사례실험법의 핵심은 제 1 - 제 2 - 제 3 - 제 4 안정기 확인이며, 모든 것이 제 1 안정기 전에 계획되어야 합니다[6장 참고].
9. 양적 연구 중의 단순기술법과 질적 연구는 탐색적 연구이며, 다른 양

적 연구는 원칙적으로 확인적 연구입니다.

우리 교실의 논문 중에서도 오류가 많이 발견되고, 특히 작년 재작년까지 쓰던 논문 형식이 지금에 와서 보니 여러 가지 문제점도 발견됩니다. 그렇다고 분명한 오류 혹은 전혀 다른 의견을 가지고 있으면서도 침묵하기가 어려워서 이 책을 쓰게 된 것입니다. 이 책에서는 먼저 우리나라에서 가장 오류가 심한 사전-사후 측정설계에서 발견되는 다양한 오류들이 왜 오류인지를 말하고, 다음으로 **석사학위논문과 박사학위논문, 학술지논문의 관계에 대해서** 논의하겠습니다. 나머지 다른 분들의 책 내용[1) '송인섭 등(2008). **실제 논문작성을 위한 연구방법론**. 서울: 교육과학사.', 2) '성태제 · 시기자(2007). **연구방법론**. 서울: 학지사', 3) '민윤기(2008). **사회과학 연구법과 결과해석**. 서울: 시그마프레스', 4) '홍성열(2008). **사회과학도를 위한 연구방법론**. 서울: 시그마프레스', 5) '이소현 · 박은혜 · 김영태(2000). **교육 및 임상현장 적용을 위한 단일대상연구**. 서울: 학지사', 6) '곽호완 등(2005). 일상심리학의 이해. 서울: 시그마프레스', 7) 10년 동안 경북대학교 심리학과에서 연구법관련 강의를 거의 전담해온 곽호완 교수의 논문(2003) 요약]에 대하여 우리 교실의 홈페이지(조현춘교수의 논문연구법, http://www.chostudy.com)에서 논의하겠습니다.

제13장

사전-사후 측정에서의 오류들

사전-사후 측정은 실험법에서의 반복측정이 아닙니다. 그런데 사전-사후 측정을 하고서는 참으로 다양하게 잘못된 통계처리를 하고 있습니다. 여기저기에서 필자들이 발견한 참으로 다양한 '잘못된 통계'를 제시하고, 그렇게 하였을 때 통계해석 결과가 오류가 될 수밖에 없는 이유를 설명하겠습니다.

오류 1. [사전측정치로] 동질성을 검사하는 오류

통제집단의 평균(표준편차)과 실험집단의 평균(표준편차)의 차이를 이용하여 "소위 동질성 검사"를 하는 것은 절대로 하지 않아야 할 오류입니다. 사전측정값에 대해서 티검증을 하거나 분산분석을 하는 것은 추후의 통계분석에서 고려해야 할 사항들을 점검하는 것입니다. 일반적으로 확률값 .50이상이 되어야 등질화된 집단으로서 추후통계처리를 할 수 있습니다.

확률값이 .05수준 미만이라고 해서 동질집단이라고 하는 것은 대립가설 기각에 대해 "~~차이가 없다~~"라고 말하는 것과 완전히 같습니다. 여기에 대한 자세한 내용은 영가설 부분에서 설명하였습니다. 참고하시기 바랍니다.

오류 2. 사전-사후에 대하여 티검증 혹은 분산분석을 해서 효과가 있다고 하는 오류

원칙적으로 사전측정-사후측정에 대한 분석은 기술통계만을 제시할 수 있습니다. 다른 말로 하면 설계상 단순기술법에 속합니다. 실험설계 어디에도 한 집단 사전-사후측정을 실험설계라고 하지 않습니다. 그런데 실제 연구에서는 마치 실험설계인 것처럼 통계처리를 하고 통계해석결과를 제시하는 경우가 있습니다. 안 되는 이유를 예를 들어서 설명드리겠습니다. 오전 11시에 혈당검사를 하고 12시30분에 실험처치인 "넌 왜 이렇게 못생겼니"라는 말을 하고 1시에 다시 혈당검사를 했다고 합시다.

여러분들은 그 사이에 점심시간이 있었다는 가외변수를 생각할 것입니다. 이때 "넌 왜 이렇게 못생겼니?"라는 처치 때문에 혈당이 올라갔다라고 하는 것은 명백한 오류입니다. 따라서 사전-사후에 대하여 티검증 혹은 분산분석을 해서 효과가 있다고 하는 것은 명백한 오류에 속합니다.

오류 3. 통제집단은 사전-사후 차이가 유의하지 않고, 실험 집단은 사전-사후 차이가 유의하다고 해서 효과가 유의하다고 하는 오류와 유사 오류

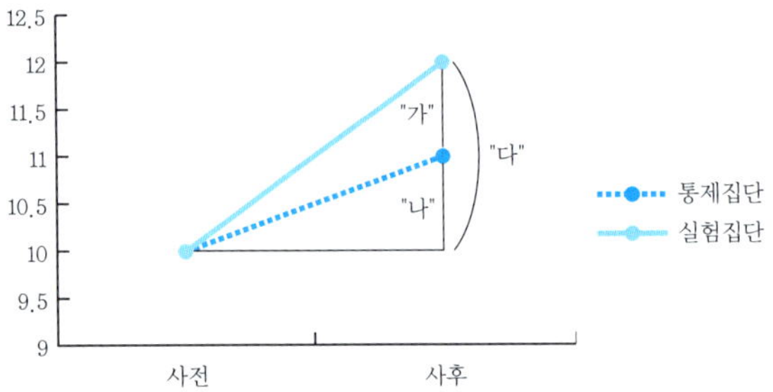

"가"는 유의하지 않았음
"나"는 유의하지 않았음
"다"는 유의하였음

그림에서 통제집단은 사전-사후 차이가 유의하지 않고(나), 실험 집단은 사전-사후 차이가 유의하였습니다(다). 그러나 통제집단과 실험집단의 실제적 차이는 "가"뿐입니다. 그런데 "가"

는 유의하지 않았습니다. 이 상황 즉 "가"가 유의하지 않는 상황에서 처치의 효과가 통계적으로 유의하다고 하는 것은 명백한 오류입니다.

더불어 통제집단은 사전-사후 차이가 유의하지 않고, 실험 집단도 사전-사후 차이가 유의하지 않다고 해서 효과가 유의하지 않다고 하는 것도 명백한 오류입니다. 이런 식으로 사전 측정값과 사후 측정값의 차이에 대해 유의도를 검증하는 방식은 전부 명백한 오류입니다.

오류 4. 사전에는 통제집단과 실험집단의 차이가 유의하지 않고 사후에는 통제집단과 실험집단의 차이가 유의하다고 해서 효과가 유의하다고 하는 오류와 유사 오류

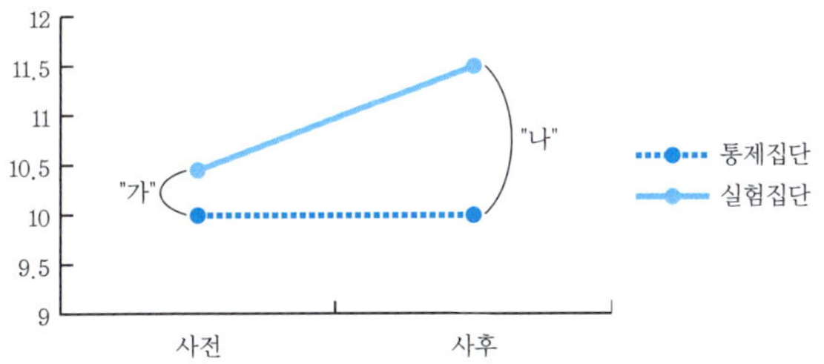

"가"는 유의하지 않았음(사전). "나"는 유의하였음(사후). 그러나 "나"는 실제적 차이의 "가" 만큼의 차이가 더해져있는 값입니다. 즉, "나"에서 "가"를 빼어버리면 유의하지 않을 수도 있습니다.

더불어 사전에도 통제집단과 실험집단의 차이가 유의하지 않고 사후에도 통제집단과 실험집단의 차이가 유의하다고 해서 효과가 유의하지 않다고 하는 것도 명백한 오류입니다. 이런 식으로 사전 측정값의 차이에 대해 유의도를 검증하고, 다시 사후 측정값의 차이에 대해서 유의도를 검증하는 방식은 전부 명백한 오류입니다.

오류 5. 사후 측정치만으로 효과가 유의하다고 하는 오류

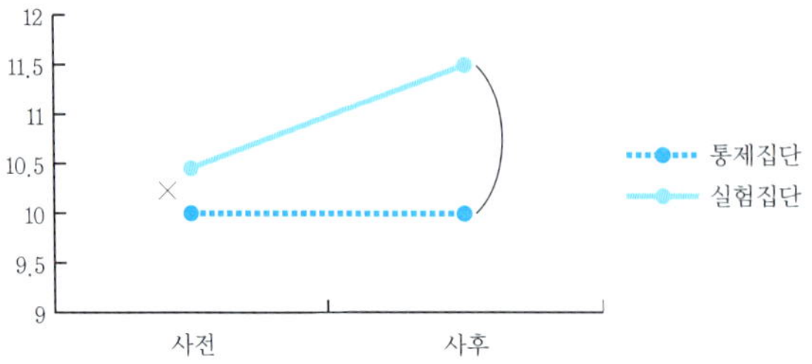

오류 4와 거의 같습니다. 오류 4에서는 사전값을 고려하려고는 하였으나 잘못 고려하였고, 여기서는 사전값을 아예 무시해버린 것입니다.

오류 6. 두 치료의 상호작용으로 치료 효과가 유의하다고 하는 오류와 유사 오류

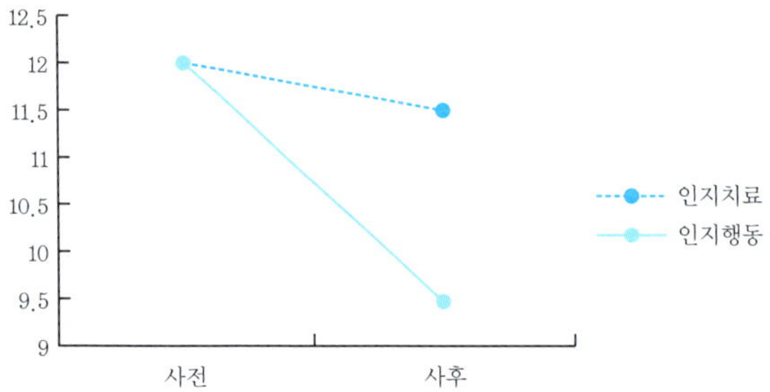

상호작용은 상호작용 자체에 대한 해석 결과만 제시할 수 있습니다. 위의 그림에서 인지행동치료만 불안을 유의하게 감소시킨다고 하는 것은 명백한 오류입니다. 통제집단의 불안이 사전에는 다른 집단들과 같고, 사후에는 인지행동치료보다 더 낮았다면 두 치료는 불안을 실제로 증가시킨 것으로 나올 수도 있습니다. 또 통제집단의 불안이 사전에는 다른 집단들과 같고, 사후에는 인지행동치료집단과 인지치료집단의 사이에 있었다면 인지행동치료는 불안을 감소시켰으나, 인지치료는 불안을 증가시킨 것으로 나올 수도 있습니다.

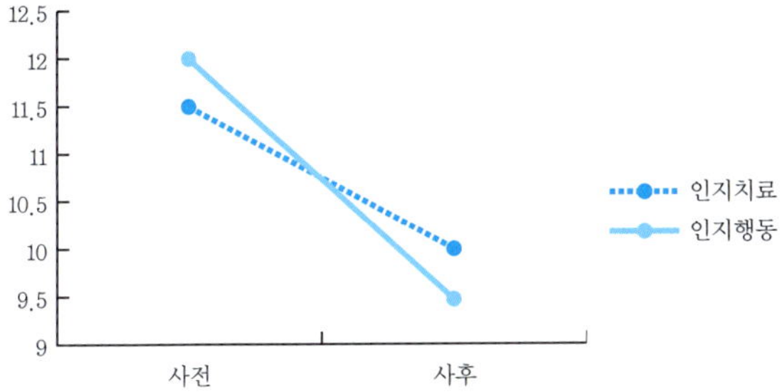

상호작용은 상호작용 자체에 대한 해석 결과만 제시할 수 있습니다. 아래의 그림에서 인지행동치료와 인지치료가 불안을 유의하게 감소시킨다고 하는 것은 명백한 오류입니다.

이유는 위와 같습니다.

제14장

석사학위논문과 박사학위논문, 학술지 논문

지금까지 원칙적으로 실증적 석사학위논문에 대해서 말씀드렸습니다. 대개의 경우, 석사학위논문이 처음 쓰는 논문일 것입니다. 물론 부지런한 학자들은 학부생이면서도 논문을 쓰고, 석사과정 학생이면서도 논문을 씁니다. 그래도 공식적으로 반드시 써야 하는 논문은 대개의 경우 석사학위논문이기 때문에 석사학위논문을 중심으로 말씀드렸습니다. 그러나 다른 논문이라고 별로 다를 것이 없습니다. 실증적이지 않는 논문이 있는가?라는 질문을 제기할 수도 있습니다. 필자들도 명확한 답을 하기는 좀 곤란합니다. 어디까지가 실증적이고 어디까지가 실증적이 아닌지에 대해서는 명확한 구분이 없는 것 같습니다. 그럼에도 불구하고, 일차적 증거들이 자신의 논문에 명확히 제시되면 실증적 논문이라고 하는 것 같습니다. 실증적 논문이 아닌 논문으로는 '순수논리적 논문' 이 있을 수 있습니다. 조현춘의 금강경 연구(1)은 금강경에서의 논리적 전개를 따져가면서 논문을 쓴 것입니다. 아마도 조현춘의 금강경 연구(1)을 실증적 논문이라고 하는 사람은 없을 것입니다.

석사학위논문 외의 논문에는 어떤 것들이 있는가?라는 질문도 제기될 수 있습니다. 석사학위논문을 학술지에 게제하려면, 대개의 경우 약간은 손질을 해야 합니다. 학위논문에서는 논리적 전재를 전부 적어야 하지만, 학술지논문의 경우에는 일부 건너뛸 수도 있습니다. 앞의 회귀분석에서처럼 약간은 뛰어넘을 수 있다는 말입니다. 그렇다고 마구 뛰어넘을 수는 없습니다.

또 박사학위논문도 있을 수 있습니다. 박사학위논문에는 원칙적으로 일정한 형식이 있을 수 없습니다. 그러나 석사학위논문형식을 하나는 갖추는 것이 상례이고, 석사학위논문 2~3개분량이나 형식이 있어야 하는 것 같습니다.

그 외에 학술대회 발표논문 등은 학술지 논문의 요약본이라고 보면 됩니다.

참고문헌

곽호완 (2003). Dual Task이론을 통한 부가정보 인터페이스 연구. 한국심리학회지: 실험, 15(4). 521-538.

곽호완 · 김영환 · 박영신 · 장문선 · 진영선 · 조현춘 · 최광선 (2005). 일상심리학의 이해. 서울: 시그마프레스.

구평회 (2005). 구평회 교육학. 서울: 신수서원.

김민식 · 감기택 옮김 (2008). 심리학 실험법. 서울: 시그마프레스.

남종호 옮김 (2001). 심리학연구방법. 서울: 시그마프레스.

리우찬 (2009). 행복훈련 집단상담이 자존감과 심리적 안녕감에 미치는 영향. 경북대학교 대학원 석사학위논문.

문수백 (2010). 연구방법의 실제. 서울: 학지사.

민윤기 (2008). 사회과학 연구법과 결과해석. 서울: 시그마프레스.

성태제 · 시기자 (2007). 연구방법론. 서울: 학지사.

송인섭 · 박소연 · 이희현 · 김누리 · 한윤영 · 김효원 · 김희정 · 안혜진 · 최영미 · 성소연 (2008). 실제 논문작성을 위한 연구방법론. 서울: 교육과학사.

안영관 · 전재원 옮김 (2000). 논리학. 대구: 이문출판사.

안정현 · 조현아 · 조현춘 (2010). 상담심리학이 어려운 이유 1: 용어. 2010 한국상담심리학회 학술대회 발표논문집, 396-397.

윤문식 (2006. 3. 17. 8시 50분) KBS1 아침마당.

이소현 · 박은혜 · 김영태 (2003). 교육 및 임상현장 적용을 위한 단일대상연구. 서울: 학지사.

조현춘 (2004). 연구방법론 고찰(1). 정서 · 행동장애연구, 20(2). 49-68.

조현춘 · 박희석 (2002). 논문과 유언비어. 한국동서정신과학회 국제학술대회 발표논문집, 294-304.

조현춘 · 조현재 · 문지혜 · 이근배 옮김 (2005). 실험심리학. 서울: 아카데미프레스.

청와대 브리핑 (2006. 4. 17. 617호)

한국심리학회편 (1988). 실험심리 연구법 총론. 서울: 성원사.

홍성열 (2008). 사회과학도를 위한 연구방법론. 서울: 시그마프레스.

Keppel G. (1991). Design and Analysis. Englewood Cliffs, NJ: Prentice Hall.

찾아보기

[저자 소개]

조현춘 경북대학교 심리학과 교수, 대한문학치료학회 회장, (사)한국정서행동장애아교육학회 (전)회장, 한국동서정신과학회 (전)회장, 화엄경과화이트헤드 연구회 회장, 법률불자교수회 (전)회장, 한국상담심리학회 상담심리사 1급, 동학회 슈퍼바이저, 동학회 이사, 동학회 영남분회고문

조현재 포항공과대학교 학생상담센터 상담실장, 한국상담심리학회 영남분회장

문지혜 경남대학교 교수

이근배 영진사이버대학 상담심리학과 교수, 경북대학교 심리학과 강사

홍영근 부산디지털대학교 교수

왕가년 연심리상담연구소 소장, 울산대학교 강사

백미숙 행복경영연구소 소장, 경북대학교 심리학과 박사과정

안정현 '조현춘교수의 논문연구법' 연구원

조현아 '조현춘교수의 논문연구법' 연구원

[우리 교실에서 나온 책들]

조현춘 · 조현재 · 문지혜 · 이근배 · 홍영근 역 (2010). 심리상담과 치료의 이론과 실제. 서울: 시그마프레스.

조현춘 · 이근배 (2005). 심리상담과 치료의 기본 기술. 서울: 아카데미프레스.

조현춘 · 조현재 · 문지혜 · 이근배 역 (2005). 실험심리학. 서울: 아카데미프레스.

무비 · 조현춘 공역 (2004). 한글세대를 위한 독송용 지장경. 서울: 운주사.

무비 · 조현춘 공역 (2004). 한글세대를 위한 독송용 관음경. 서울: 운주사.

무비 · 조현춘 공역 (2004). 한글세대를 위한 독송용 불유교경. 서울: 운주사.

무비 · 조현춘 공역 (2005). 한글세대를 위한 독송용 백팔참회 · 장엄염불…. 서울: 운주사.

무비 · 조현춘 공역 (2005). 한글세대를 위한 독송용 금강경. 서울: 운주사.

무비 · 조현춘 공역 (2005). 한글세대를 위한 독송용 아미타경. 서울: 운주사.

무비 · 조현춘 공역 (2005). 한글세대를 위한 독송용 보현행원품. 서울: 운주사.

무비 · 조현춘 공역 (2005). 한글세대를 위한 독송용 예불 · 천수경…. 서울: 운주사.

무비 · 조현춘 공역 (2005). 한글세대를 위한 독송용 일반법회. 서울: 운주사.

무비 · 조현춘 공역 (2005). 한글세대를 위한 독송용 매일법회. 서울: 운주사.

Cho, Hyun-Chun (2007). The Diamond Sutra. Seoul: Unjusa.

쉽고 재미있는

논문연구법

발행일	2011년 3월 25일 초판 발행
저자	조현춘 · 조현재 · 문지혜 · 이근배 · 홍영근 왕가년 · 백미숙 · 안정현 · 조현아
발행인	홍진기
발행처	아카데미프레스
주소	122-900 서울시 은평구 역촌동 58-9 부호아파트 102동 상가 3호
전화	(02)2694-2563
팩스	(02)2694-2564
웹사이트	www.academypress.co.kr
등록일	2003. 6. 18, 제313-2003-220호
ISBN	978-89-91517-41-7 93370

값 15,000원